CW00408880

LA SAGESSE DES CONTES

« *Espaces libres* »

ALEXANDRO JODOROWSKY

LA SAGESSE DES CONTES

Albin Michel

Albin Michel
■ *Spiritualités* ■

Collection « Espaces libres »
dirigée par Marc de Smedt et Jean Mouttapa

Pour la traduction française :
© Éditions Albin Michel, 2007

Titre original :
LA SABIDURIA DE LOS CUENTOS
© 1997 Alejandro Jodorowsky

Prologue

> « On dit : *Il ne peut être trouvé.* C'est
> justement ce qui ne peut être trouvé que je
> désire ! »
>
> Rûmî

Cette nuit-là, âgé de cinq ans, me réveillant au
milieu de la nuit alors que mes parents, après
avoir travaillé douze heures d'affilée dans leur
magasin, étaient partis au cinéma, je me mis à
pousser des hurlements de terreur. Au bout de
quelques minutes, des heures pour moi, notre
fidèle Cristina, une vieille employée affligée de
démence tranquille et qui se prenait pour l'épouse
du Christ, entra dans ma chambre. Pour me cal-
mer, elle me raconta une histoire, « Le demi-
poulet », que je n'ai jamais oubliée :

*Il était une fois un demi-poulet. Il avait une aile,
une patte, un œil, la moitié de la queue, la moitié du
bec, la moitié du corps, la moitié de la tête. Il avait*

toujours faim, car il ne pouvait rien retenir de ce qu'il mangeait. Tout s'échappait par sa moitié d'estomac. Partout où il passait, il semait la désolation.

Le demi-poulet dévorait les champs de blé, de maïs, de riz, mais aussi les salades, les légumes, tout ce qu'il trouvait. De plus, même s'il avalait un lac, un fleuve, une mer avec ses poissons, il ne parvenait pas à étancher sa soif.

Je fus encore plus terrifié. Qu'allions-nous devenir si le demi-poulet arrivait dans ma chambre ? Peut-être essaierait-il de nous dévorer. Cristina prit mes mains, que je gardais appuyées sur mes yeux, et elle les caressa avec tendresse. « Ne crains rien, Alejandrito. Le demi-poulet a étanché sa soif et apaisé sa faim. Maintenant, il vit tranquille dans mon poulailler. Demain matin, quand tu te réveilleras, je te le présenterai... »

Après le petit déjeuner, Cristina m'emmena dans l'humble cabane qu'elle avait elle-même construite sur le flanc d'une colline aride, avec des sacs vides et des bouts de carton – à Tocopilla, mon village natal, au nord du Chili, il ne pleuvait jamais –, et lançant un grain de blé vers les rochers voisins elle appela : « San Juan, viens voir mon jeune ami. » Un poulet aux plumes poussiéreuses, peut-être noires, avec deux ailes, deux pattes, deux yeux, un bec complet, une tête entière, une queue entière, un corps entier, ne tarda pas à arriver en courant pour picorer la graine.

« Mon petit, je te présente celui qui fut le demi-poulet. Je vais te raconter ce qui lui est arrivé. »

Après avoir parcouru, désespéré, le monde entier, en revenant dans notre désert bien-aimé, il a rencontré un autre demi-poulet, aussi mort de faim et de soif que lui. Aussitôt, tels deux bons frères, ils se sont aimés. Ils ont décidé de s'unir. Dès que les deux moitiés de corps se sont rapprochées, leurs chairs et leurs os se sont collés. Depuis lors, San Juan, comme je l'ai appelé, se nourrit chaque jour d'un grain de blé et d'une goutte d'eau. Cela lui suffit pour se sentir rassasié.

Peut-être la folie n'est-elle pas une maladie, mais une forme d'expansion de la conscience. Que de sagesse contenait ce conte de Cristina ! Il m'a fait comprendre que je n'étais que la moitié de moi-même. Que tant que je me chercherais hors de mon esprit, je serais angoissé, absorbant maîtres et connaissances sans jamais me sentir satisfait. L'autre partie, aussi incomplète que moi, m'attendrait jusqu'à ce que mon désespoir soit suffisamment intense pour me faire ouvrir les portes de ma prison rationnelle et m'unir à elle, l'ombre impensable qui change de taille selon la position du soleil, entendant par soleil l'énergie indéfinissable qui nous maintient en vie, que nous pouvons, si nous le voulons bien, appeler Dieu intérieur...

Chaque conte que je reproduis dans ce livre m'a aidé à apaiser ma faim et ma soif. Ce sont toujours des moitiés que nous transmet la tradition orale. Les autres moitiés demeurent dans notre âme. Chaque conte s'unissant à son interprétation, nous faisons l'expérience d'une petite satiété. Ce n'est que lorsque notre vie s'unira à notre mort que nous connaîtrons l'heureuse et grande satiété.

Histoires orientales et soufies

« Ils disent qu'ils ont soif alors qu'ils se trouvent au milieu de la rivière. »

Farîd al-Dîn 'Attâr

Les cinq chasseurs

Cinq chasseurs affamés partirent chasser une oie. Le premier était aveugle, le deuxième boiteux, le troisième sourd, le quatrième nu et le cinquième avait une carabine sans canon ni détente. Au milieu des arbustes qui n'avaient pas poussé, ils cherchaient un oiseau qui n'était pas encore né...

Ils marchèrent et marchèrent dans les montagnes, dans les vallées et les déserts, franchissant des cimes et des abîmes. Lorsqu'ils regardèrent en arrière pour voir le chemin parcouru, ils s'aperçurent qu'ils n'avaient avancé que de dix centimètres... Le sourd dit : « Attention, j'entends un oiseau battre des ailes ! » L'aveugle mit sa main en visière et dit : « Je vois venir une oie ! » Celui qui avait une carabine sans canon ni détente tira et tua l'oiseau. Le boiteux alla le chercher. Celui qui était nu mit la dépouille dans l'une de ses poches.

Au bord d'un lac sans eau ni berges, ils firent une flambée avec les branches des arbustes qui n'avaient pas encore poussé. Ils mirent l'oiseau dans une marmite sans fond et commencèrent à le faire cuire dans une

eau qui n'était pas humide, sur un feu sans flammes.
Mais l'oie étira le cou et ne se laissa pas cuire. Elle
regardait le ciel, rien d'autre, laissant passer les jours.
Lorsqu'ils voulurent la manger, ils virent que sa chair
était plus dure que ses os. Malgré cela, ils la dévorèrent,
mais elle ne leur remplit pas l'estomac. Les cinq chas-
seurs ne sourirent pas et n'éprouvèrent aucun plaisir.

En Turquie, les vieux maîtres, sous prétexte de les
faire rire, racontent aux enfants cette histoire. Or ils
ne le font pas seulement pour les amuser d'une façon
superficielle, mais aussi pour entraîner leurs esprits
d'enfants à affronter une réalité, permanente imper-
manence, qui n'est pas toujours rationnelle. Les
idées stéréotypées sont des barrières qui empêchent
d'atteindre la vérité. Elles comparent chaque mot à
l'eau stagnante. En revanche, l'indicible et impensable vérité est un fleuve tumultueux, qui avance sans
s'arrêter vers l'océan de la gloire divine. L'homme
mystique doit exercer son intellect en le confrontant
à l'absurdité de toute affirmation catégorique. Ce
dont nous prenons conscience n'est qu'une partie
infime de ce qui se passe en réalité.

Le nouveau fouet

Par une froide matinée, deux cavaliers chevau-chaient sur un chemin champêtre. L'un d'eux, qui était aveugle, laissa tomber son fouet. Il descendit de son cheval et, à genoux, palpa le sol à sa recherche. Il ne put le trouver, mais tomba sur un autre qui lui parut plus élégant, plus doux. Il enfourcha sa monture et poursuivit sa chevauchée.

L'autre cavalier, qui y voyait, lui demanda ce qu'il avait cherché à terre. L'aveugle lui répondit : « J'ai perdu mon fouet, et j'ai mis pied à terre pour le cher-cher, je ne l'ai pas trouvé, mais j'ai trouvé cet autre qui est plus long, plus doux et plus flexible que le premier. » L'homme qui y voyait lui dit : « Jette-le ! Ce que tu tiens à la main n'est pas un fouet, c'est un serpent endormi par le froid ! »

L'aveugle refusa de le jeter, persuadé que l'homme qui y voyait était jaloux de sa nouvelle cravache... Un peu plus tard, la chaleur du jour réveilla le serpent, qui mordit l'aveugle, l'empoisonnant.

Les soufis disent qu'il faut écouter ceux qui gardent ouverts les yeux de leur cœur.

La connaissance extraite de mots n'est que mots. La connaissance qui naît de l'expérience personnelle est réelle.

Le cavalier aveugle, symbole d'un homme intellectuel – mental plein, cœur vide –, cherche un concept fixe. Pour lui, le monde est ce qu'il croit qu'est le monde. Il cherche une vérité qui dans le fond est « sa » vérité.

Le cavalier qui voit, symbole de l'homme sage – mental vide, cœur plein –, approche le monde sans préjugés, l'acceptant tel qu'il est. Il ne cherche pas la vérité, mais l'authenticité.

L'homme sans préoccupations

Un roi est très préoccupé. Il se dit : « Si moi j'ai des tas de préoccupations, tout le monde doit en avoir. Y a-t-il dans mon royaume quelqu'un qui n'ait aucune préoccupation ? »

Il envoie ses messagers voir si un tel homme existe et on lui apprend qu'il en existe un.

« Mais comment fait-il ? De quoi vit-il ? demande le roi.

— Chaque jour il gagne six pièces de monnaie, avec lesquelles il fait un bon repas, c'est tout. Il est gai, répond le messager.

— Ce n'est pas possible ! », s'exclame le roi.

Il se déguise en mendiant et se rend chez cet homme. Celui-ci est en train de dîner et il lui propose aussitôt de partager son repas. Le roi accepte et en mangeant il lui demande :

« Comment gagnes-tu ta vie ?

— C'est très simple. Je répare tout ce qui est cassé. Les montres, les couteaux, n'importe quoi. Voilà comment je gagne ma vie... »

Le roi se précipite au palais et fait diffuser dans tout le royaume un édit stipulant que personne ne doit faire réparer un objet cassé ! Obligation est faite, dans ce cas, d'en acheter un autre !

Le lendemain, l'homme ne trouve aucun client. Personne ne lui demande de réparation. Pas du tout inquiet, l'homme rencontre en chemin un vieillard en train de couper du bois.

« C'est une tâche trop dure pour vous. Voulez-vous que je coupe ce bois à votre place ? », lui demande-t-il.

Le vieillard accepte et lui donne six pièces de monnaie en échange de son travail. L'homme s'offre un bon repas ; à ce moment, le roi arrive.

« Mais comment as-tu fait pour t'offrir ce bon repas ?

— C'est très simple. J'ai coupé du bois pour quelqu'un. »

Le roi rentre au palais et ordonne que toute personne qui se fait couper du bois par quelqu'un d'autre soit châtiée !

Le lendemain, l'homme, très heureux, cherche à couper du bois, mais personne n'accepte ses services. Passant devant une écurie, il propose au propriétaire de la nettoyer. Ce dernier accepte. L'homme passe sa journée à nettoyer plusieurs écuries, et le soir il a gagné six pièces de monnaie qui lui permettent de s'offrir un bon repas.

Apprenant cela, le roi ordonne que tout propriétaire d'écurie la nettoie lui-même, sous peine de châtiment !

Le lendemain, l'homme ne trouve aucun travail. Il ne se laisse pas démoraliser pour autant. Voyant des personnes faire la queue, il la fait aussi. En fait, ce sont des hommes qui s'engagent pour être mercenaires au service du roi. Quand son tour arrive, il signe le contrat et on lui donne une épée. En échange, l'homme demande qu'on lui donne chaque soir six pièces de monnaie. Le bureau de recrutement accepte. Le soir même il reçoit son argent et s'offre un bon dîner. Le roi arrive et lui demande :

« Comment as-tu fait pour pouvoir manger ?

— Mais dans l'armée... on me paie six pièces par jour. »

Le roi retourne à son palais. Il ordonne que l'on ne paie plus les soldats tant qu'il n'en aura pas donné l'ordre. Le lendemain soir l'homme n'est pas payé. On lui explique que sa solde va s'accumuler et qu'on le paiera plus tard. Mais l'homme se débrouille pour trouver six pièces et s'en va dîner.

Le roi, comme d'habitude déguisé en mendiant, arrive et lui dit :

« Mais comment as-tu fait pour te payer à dîner ?

— Je vais te confier un secret. J'ai coupé mon épée en morceaux et j'ai vendu un bout de métal pour six pièces. J'en vendrai chaque jour un morceau. Quand on me paiera, comme je sais tout réparer, je réparerai mon épée. Voilà comment je mange. En plus, pour que personne ne s'en rende compte, j'ai remplacé le métal par un morceau de bois. »

Le roi s'en retourne au palais. Il fait venir un prisonnier :

« Je condamne cet homme à mort. Qu'on lui coupe la tête ! Allez chercher le soldat que je vous indique afin qu'il exécute la sentence ! »

Quand l'homme arrive, le roi lui ordonne :
« *Soldat, coupe la tête de ce prisonnier !* »
L'homme blêmit :
« *Mais, mon roi, je n'ai jamais tué personne ! Peut-être ce pauvre homme est-il innocent... Comment peut-on savoir s'il est coupable ou non ? Il n'est pas possible de détruire ainsi une vie que Dieu a créée !*
— *Es-tu soldat ou non ?*
— *Oui, je suis soldat.*
— *Alors coupe la tête de cet homme ! Tue-le !* »
L'homme tombe à genoux :
« *Mon Dieu, Toi qui es le Roi des Rois, montre par ta puissance si cet homme est coupable ou non ! S'il est coupable, laisse-moi lui couper la tête ! S'il ne l'est pas, transforme mon épée en bois !* »
L'homme sort son épée de son fourreau : elle est en bois ! Tout le monde crie au miracle. Le roi ne peut rien faire. Il dit au soldat :
« *Tu es vraiment un homme qui a confiance en Dieu.* »

Dans cette histoire, à chaque action de l'homme sans préoccupations, nous avons un soulagement émotionnel. Si on lui ferme un chemin, il marche sur un autre. Au fur et à mesure que les difficultés s'accentuent, il trouve de meilleures solutions. Finalement, alors que la situation paraît sans issue, grâce à une ruse, qui au fond est une prière sincère, il obtient le miracle qui permet au roi, son adversaire, de comprendre. Par son inébranlable optimisme, il a réussi à élever le niveau de conscience de quelqu'un qui exerce le pouvoir sur les autres sans être maître de lui-même.

Ce conte montre très clairement comment un être qui aime la vie, dépourvu de haine, libéré de préoccupations, vivant simplement, transforme ses difficultés en occasions de se dépasser.

Le renard rouge

S'étant faufilé dans l'atelier d'un teinturier, un renard tomba dans une cuve contenant un bain de couleur rouge. Il parvint à se hisser hors de la cuve et à s'échapper dans la forêt, mais il emporta avec lui des traces de sa visite : son pelage avait pris une teinte rouge vif.

Sa nouvelle apparence inquiéta et intrigua les autres renards de la forêt. Jouant de cette particularité, il s'empara facilement du pouvoir. Impressionnés, les autres acceptèrent de le servir et de le vénérer comme un roi. Il coula des jours tranquilles et prospères dans sa nouvelle communauté mais, avec l'hiver, les pluies se multiplièrent et diluèrent peu à peu la teinture. Les autres renards finirent par se rendre compte qu'ils s'étaient fait gruger et le chassèrent.

J'avoue que dans ma jeunesse, je suis tombé amoureux d'une femme magnifique qui faisait du strip-tease dans une boîte de Mexico. Lorsque j'ai enfin réussi à passer la nuit avec elle, j'ai eu quelques surprises. Quand elle a ôté ses chaussures, elle a perdu bon nombre de centimètres et sa longue silhouette gracieuse s'est envolée. Quand, ensuite, elle a ôté sa perruque, ses faux cils et qu'elle s'est démaquillée, mon bel amour avait disparu. Elle a même retiré un œil ! Grâce à elle, j'ai vraiment compris jusqu'où la séduction peut parfois aller.

Plus tard, je me suis rendu compte que dans certaines circonstances, j'étais comparable à cette femme. Pour séduire certaines personnes, je me présentais avec perruque, talons, faux cils et faux œil. Et lorsque mon jeu ne produisait pas l'effet attendu, je me mettais en colère et devenais agressif.

À l'époque, ma vie balançait entre la séduction et l'agressivité. Parce qu'on ne m'avait pas donné l'amour et l'attention dont j'avais besoin dans mon enfance, je quêtais constamment cette reconnaissance auprès des autres et je passais mes journées à essayer de séduire ou de blesser. D'ailleurs, quand j'étais blessant, il y avait bien des masochistes qui s'unissaient à moi pour profiter de ma colère et ma haine.

Dans le dernier volume des aventures de John Difool [1], celui-ci réussit à s'unir avec une reine parce qu'il est aidé de l'Incal qui est à l'intérieur de lui. À la suite de cette union, la reine procrée soixante dix-huit millions d'individus en tous points semblables

----

1. Les aventures de John Difool, *Ce qui est en haut*, bande dessinée de Jodorowsky et Moebius, Les Humanoïdes associés.

à John Difool. Le problème, c'est que tous ces êtres haïssent leur procréateur, car la reine le hait et veut sa mort. L'ayant capturé, ils s'apprêtent à le tuer.

Un oiseau, ami du héros, intercède en sa faveur auprès de la reine. Il lui explique qu'en aucun cas elle ne peut haïr John Difool. Comme elle ne comprend pas pourquoi, il lui en fait la démonstration. Il lui demande :

« Avez-vous aimé son corps ?

— Certainement pas ! répond-elle. C'était un corps des plus quelconques !

— L'avez-vous aimé en tant qu'amant ?

— Bien sûr que non ! J'ai eu des amants qui m'ont fait l'amour pendant des nuits qui duraient mille ans alors que lui n'a pas résisté trois minutes.

— Alors, qu'avez-vous aimé chez lui ? interroge le volatile.

— Une lumière intérieure.

— Cette lumière n'appartenait pas à John Difool. C'était l'Incal. Si vous avez été amoureuse de cette lumière, vous avez été amoureuse de l'Incal, pas de Difool [1]. On ne hait que les gens dont on est amoureux et puisque vous n'êtes pas amoureuse de lui, vous ne pouvez pas le haïr. »

La haine vient d'un amour trahi. Si vous n'aimez pas quelqu'un, vous ne pouvez pas le haïr. Méditez sur le fait que toutes les personnes qui vous haïssent

---

1. L'Incal, dans la bande dessinée citée ci-dessus, est une représentation symbolique de la divinité intérieure.

expriment à votre égard une demande d'amour non satisfaite.

Nous vivons ce type de situation avec nos parents : nous les aimons et les haïssons en même temps. Nous les haïssons parce qu'ils ont trahi notre demande d'amour mais, en fait, au plus profond de nous-mêmes, nous les aimons à la folie.

Reconnaître cet amour enfoui est la meilleure façon de se libérer de notre haine. Reconnaître notre amour est reconnaître aussi notre capacité d'aimer.

Les amours de la belle Faroudja

Un jour, le souverain Haroun el-Poussah fit l'acquisition de la plus merveilleuse esclave jamais vue et en tomba éperdument amoureux. Il en fit sa favorite, la choya, accédant au moindre de ses désirs. Cependant, de façon incompréhensible, la belle Faroudja se mit à perdre le goût de vivre. Elle se morfondait et se languissait. Sa santé se mit à décliner et rien n'y fit : les meilleurs médecins du royaume s'évertuèrent en vain à la sortir de sa prostration. Le souverain, extrêmement préoccupé, fit alors venir l'homme le plus sage du royaume. Le saint homme rendit visite à la favorite, cloîtrée dans le silence et la tristesse. S'asseyant près de sa couche, il prit la main de la jeune femme entre les siennes.

« Parle-moi de ton village ! » lui dit-il.

Et la jeune femme parla de son village et de ses parents. Le vieil homme lui dit tout en faisant pression sur son poignet :

« Je vais te nommer différents noms de villages du pays. »

Lorsqu'il prononça le nom de Zarka, le pouls de la jeune femme s'accéléra.

« Ah ! Connais-tu quelqu'un dans le village de Zarka ? »

De nouveau le pouls s'accéléra. De question en question, le sage découvrit que la jeune femme était follement éprise du maréchal-ferrant de ce lieu.

Ayant rendu compte de sa découverte au souverain, il lui donna le conseil suivant :

« Ô commandeur des croyants, si tu veux que ta bien-aimée recouvre la santé, fais venir cet homme dans ton palais, emploie-le à ton service et unis-le à ta favorite ! »

Haroun el-Poussah se trouva alors pris dans le conflit suivant : perdre pour toujours la femme qu'il aimait tant ou la perdre au profit d'un autre.

La mort dans l'âme, il fit venir le maréchal-ferrant et unit les deux êtres qui s'aimaient. Le palais résonna pendant plusieurs jours de la ferveur amoureuse du couple. Ce fut alors au tour du roi de pleurer et de souffrir. Il appela de nouveau son conseiller :

« Aide-moi, dit-il d'un ton plaintif, je suis au désespoir. »

Le sage lui remit un petit flacon en expliquant :

« Que ton cuisinier verse une goutte par jour de cette potion dans la boisson du jeune homme. Ce poison agira progressivement et, d'ici quelques mois, ton rival te cédera la place. »

Ainsi fut fait. Quelque temps plus tard, le maréchal-ferrant, perdant tout appétit, se mit à maigrir et à

perdre toute énergie. Les cris d'amour du couple cessè-
rent de résonner dans les couloirs du palais. Ainsi que
l'avait prédit le sage, le maréchal-ferrant s'éteignit quel-
ques mois plus tard.

Ayant vécu pleinement son amour, puis ayant fait le
deuil de son amant, la belle favorite revint alors vers le
suzerain qui l'avait patiemment attendue et entourée
de mille prévenances.

Haroun el-Poussah retrouva alors la joie de vivre en
retrouvant l'être aimé.

Cette histoire est racontée par Farîd al-Dîn 'Attâr,
grand saint soufi.

Il convient de ne pas la juger trop hâtivement ni
de la lire à un niveau trop bas. Une histoire soufie
demande un certain niveau de lecture.

La femme ne peut pas reconnaître l'amour que
le roi lui porte parce qu'elle est obnubilée par
sa passion pour le maréchal-ferrant. Cette passion
est sensuelle, fondée sur les apparences. Elle n'a
rien à voir avec le véritable amour spirituel. Ce
conte nous suggère de chercher des relations plus
profondes en dépassant les relations sensuelles.
Cette histoire est en quelque sorte une parabole
qui pourrait symboliser une évolution vers la
divinité.

Le roi est une partie de nous-mêmes, la favorite
une autre et le maréchal-ferrant une troisième qui
serait l'ego. Tant que l'ego ne se dissout pas, l'âme
ou l'être essentiel n'arrive pas au divin. Une partie
de nous est accrochée à notre forme physique et

à nos sens et tant que notre âme ne décroche pas de tout cela, elle ne trouve pas son roi. Derrière ces apparences se trouve le véritable amour, la divinité.

La soupe d'Hassan

Hassan, homme riche et puissant, abandonna sa fortune et son rang pour étudier avec le maître Abdûl Effendi. En dépit de tout le travail et de l'évolution qu'il accomplit auprès de ce dernier, le maître remarqua qu'il ne se défaisait pas de son orgueil, défaut qui lui venait de la très haute situation qu'il occupait auparavant. Abdûl Effendi décida de lui donner une petite leçon. Il l'appela et lui dit :

« Va au marché et rapporte-nous quarante kilos de tripes de mouton ! Tu les porteras sur ton dos ! »

Hassan partit aussitôt au marché, situé à l'une des extrémités de la ville. Arrivé sur place, il acheta les tripes et les chargea sur son dos. Toutes sanguinolentes, celles-ci ne manquèrent pas de le maculer de la tête aux pieds, et c'est dans ce piteux état qu'il se vit obligé de traverser la moitié de la ville pour livrer son chargement. Il était connu comme un homme très riche et chaque fois qu'il croisait un passant il se sentait au supplice. Il eut beau essayer de paraître détaché, il se sentait profondément humilié.

À son arrivée, le maître lui ordonna de porter les tripes à la cuisine afin qu'on en fasse une soupe pour toute la confrérie, mais le cuisinier annonça qu'il ne possédait pas de bassine assez grande pour contenir une telle quantité d'abats.

« Qu'à cela ne tienne ! répondit le maître en regardant son disciple. Va chez le charcutier de la confrérie et demande-lui qu'il nous prête une bassine ! »

La boutique du charcutier était située à l'autre extrémité de la ville et Hassan, toujours taché de la tête aux pieds, se vit contraint de s'y rendre. De nouveau chaque passant sur son chemin mit son orgueil à rude épreuve. Mortifié par tant d'humiliation, il rapporta la bassine aux cuisines puis alla se nettoyer. Un peu plus tard, le maître l'appela et lui dit :

« À présent, retourne sur le trajet du marché et demande à tous les passants que tu rencontreras s'ils ont vu un homme porter un tas de tripes sur le dos ! »

Il posa la question à toutes les personnes qu'il croisa et toutes lui répondirent négativement ou très évasivement : peu avaient vu cet homme et ceux qui l'avaient vu ne se rappelaient plus sa tête.

De retour à la confrérie, le maître lui demanda de renouveler l'expérience sur le trajet du charcutier. Là aussi, le résultat fut identique. Personne n'avait remarqué un homme taché de sang porter une bassine.

*Quand Hassan fit part à Abdûl Effendi du résultat
de son enquête, celui-ci remarqua :*

*« Tu vois, personne ne t'a vu. Tu croyais que les
gens remarquaient ta tenue mais il n'en était rien. Tu
projetais ton regard sur les autres. »*

*Le soir même, le maître fit une grande fête et convia
ses invités à manger la soupe en disant :*

*« Goûtez avec nous, ce soir, la soupe de la dignité et
de la grandeur d'Hassan ! »*

La soupe est devenue « la soupe de la dignité et
de la grandeur d'Hassan » parce que celui-ci a su
accepter l'humiliation et perdre jusqu'aux dernières
bribes de son orgueil.

Il existe des personnes qui ne vivent pas leur vie
par orgueil, c'est-à-dire par peur du jugement des
autres. En fait, elles projettent sur le monde le regard
hypercritique qu'elles portent sur elles-mêmes et qui
vient de leur surmoi, formé par leurs parents. Elles
prêtent au monde un regard qui n'est autre que celui
de leur surmoi et, ensuite, elles s'imaginent être
jugées, alors qu'en fait elles se jugent elles-mêmes.

Il faut bien se rendre compte que le regard
qu'on prête aux autres est notre propre regard. Le
monde nous voit et nous perçoit en fonction de
la manière dont nous nous sentons nous-même.
Si nous nous sentons très honnête, le monde ne
met pas notre honnêteté en doute. En revanche,
si nous nous sentons voleur, nous attirons la suspi-
cion et la méfiance.

Il est important d'être conscient de la façon dont nous nous percevons, car c'est ce regard sur nous qui déterminera la qualité et la teneur de nos relations avec le monde.

Le cantonnier et le diamant

Un jour, un cantonnier d'Alexandrie trouva, en balayant un trottoir, une merveilleuse pierre précieuse. Il pensa émerveillé :

« C'est un diamant ?! Je vais aller chez le bijoutier pour qu'il l'examine. »

Il se rendit aussitôt chez l'expert. Ce dernier lui dit :

« En effet, c'est un diamant. Le problème, c'est qu'ici on ne pourra pas te dire sa valeur. Pour la connaître, il faudrait que tu ailles en Angleterre.

— En Angleterre !!! répondit le cantonnier ébahi. Mais comment m'y rendre ?

— Débrouille-toi ! »

L'homme vendit tout ce qu'il avait, alla voir un pirate qui possédait un bateau et lui dit :

« Je n'ai que ce diamant... Il faut que j'aille en Angleterre pour le faire évaluer Je vous paierai une fois sur place, quand je l'aurai vendu. »

Le pirate accepta. Il ordonna à son équipage de lui donner la meilleure cabine et entoura de respect son nouveau voyageur, car il s'agissait d'un homme riche.

Le voyage se déroula tranquillement. Mais un jour, après avoir dîné, le cantonnier s'endormit à table, le diamant posé près de lui. Pendant son sommeil, un membre de l'équipage vint nettoyer la cabine. Il prit la nappe sans faire attention et la secoua par-dessus bord... le diamant disparut avec les miettes dans l'océan...

À son réveil, l'Arabe fut catastrophé. Il se rendit compte qu'il était dans une situation extrêmement précaire puisqu'il n'avait plus rien pour payer son voyage. Il savait ce qui l'attendait. Il se dit :

« Si je me décourage, ma mort est certaine !... Je vais garder le sourire et je vais attendre de voir ce qui se passera. »

C'est ce qu'il fit. Il sortit de sa cabine comme si de rien n'était et feignit la sérénité totale. Le voyage se poursuivit sans autre problème. Bien qu'il n'en menât pas large, notre homme ne laissa rien paraître et le pirate resta toujours aussi respectueux à son égard. Un jour, ce dernier lui dit :

« J'ai quelque chose d'important à vous demander. Vous êtes un homme puissant. Je vous admire beaucoup. Vous savez que le bateau est plein de blé. Le problème, c'est qu'en arrivant en Angleterre, les autorités ne vont sûrement pas me faire confiance. Peut-être vont-elles me demander de payer des taxes exorbitantes ?... Ou peut-être vont-elles me dire que j'ai volé cette cargaison... J'ignore les problèmes qu'elles vont me créer, mais pour les éviter, me permettriez-vous de mettre ce chargement à votre

nom ? » *Le cantonnier accepta sans discussion. Le*
pirate ajouta :

« En Angleterre, on s'arrangera. Je vous donnerai
une commission. »

Le pirate lui fit signer divers papiers qui rendirent
l'Arabe propriétaire de toute la cargaison.

Une fois en Angleterre, le pirate vendit son charge-
ment à très bon prix. Il se retrouva à la tête d'une grosse
fortune, mais terrassé par une soudaine crise cardiaque
mourut aussitôt. Le produit de la vente revint alors à
notre cantonnier qui finalement retomba sur ses pieds
et devint riche.

Le cantonnier s'en est donc très bien tiré. La
morale de cette histoire est que cet homme a eu
la vie sauve parce qu'il a eu de la chance. Il a su
rester debout dans l'adversité et a continué comme
si de rien n'était.

C'est une histoire qui parle du courage et de la
concentration sur soi.

Parfois, nous trouvons le trésor de notre joie.
Nous sommes très contents et nous commençons
à en jouir mais l'adversité arrive. Par exemple, une
femme est au sommet de sa relation affective avec
un homme et, comme par hasard, son fils a un
accident de voiture au même moment. Cet accident va alors l'empêcher de vivre sa joie. Ou,
comme un autre, dont la famille et les affaires
vont bien et qui se retrouve, tout à coup, atteint
d'une tumeur à l'œil.

C'est à ce moment-là, quelles que soient les

raisons qui vont ternir ta joie, qu'il faut tenir avec courage. Ne pas se laisser faire. Il faut tenir avec foi, avec ou sans espoir, en attendant de voir ce qui se passe.

Le roi mendiant

Dans un pays oriental, un roi est tellement aimé de ses sujets que, chaque nuit, il dort sur un lit de fleurs fraîches, que ses sujets ont coupées pour lui. Une nuit, entendant des pas sur le toit du palais, il se réveille. Il y monte et voit deux êtres mystérieux qui semblent chercher quelque chose.

« Que cherchez-vous ici à une heure aussi tardive ? leur demande-t-il.

— Nous sommes à la recherche d'un chameau.

— Vous êtes fous ?!... Comment voulez-vous trouver un chameau sur ce toit ?

— Et toi, comment vas-tu trouver Dieu dans un lit de fleurs fraîches ? » lui répondent-ils.

Leurs propos provoquent une illumination chez le roi, qui quitte aussitôt son palais pour devenir moine mendiant et étudier avec un maître. Le maître, qui est tisserand, refuse de l'accepter, vu sa condition de roi. Ce dernier insiste, arguant qu'il n'est plus qu'un mendiant. Le tisserand finit par se laisser convaincre et le garde auprès de lui. Pendant cinq ans, il nettoie les tissus avec humilité.

La femme du maître, ayant pitié de lui, dit un jour à son mari :

« Ton disciple semble mériter l'illumination. Donne-lui la sagesse puisque c'est ce qu'il veut.

— Il n'est pas prêt ! lui répond le tisserand.

— Mais si ! réplique la femme. Tu te trompes !

— Non. Quand il passera sous ta fenêtre, jette-lui les ordures sur la tête, tu verras ! »

Un peu plus tard, profitant de ce que le disciple passe sous sa fenêtre, la femme lui déverse sa poubelle sur la tête. Couvert de détritus, le disciple la regarde courroucé et s'écrie :

« Si j'étais roi, on ne m'aurait jamais fait cela !!! »

Alors, le maître conclut :

« Tu vois, il n'est pas encore prêt. »

Cinq ans plus tard, le maître fait remarquer à sa femme :

« À présent, mon disciple est enfin prêt !

— Mais il est pareil qu'avant !...

— Non. Fais comme l'autre fois et tu verras ! »

Le disciple passe sous la fenêtre, se retrouve couvert d'immondices, lève la tête et déclare :

« Que celui qui m'a jeté ces ordures soit béni ! Je viens de me rendre compte que mon esprit en est encore plein et qu'il me faut m'en libérer. »

Alors, le maître lui dit :

« Viens, je vais t'initier et ensuite tu retourneras dans le monde qui aura besoin de ta sagesse ! »

Quelque temps plus tard, il quitte son maître et,

dans sa tenue de mendiant, retourne vers son ancien royaume. Tandis qu'il est en train de faire ses ablutions sur le bord d'une rivière, son premier ministre, parti pour la chasse, le croise et le reconnaît. C'est un homme bon et fidèle. Il dit au roi :

« *Pendant douze ans, j'ai gardé tes enfants, le palais et toutes les affaires du royaume. Reviens, ô mon roi ! Tout est à toi.*

— Regarde cette aiguille ! » *lui répond le roi-mendiant.*

Il sort une aiguille, la jette dans la rivière et dit à son premier ministre :

« *Va me la chercher !*

— Mais c'est impossible !!!

— Pourquoi ?

— Parce qu'elle a été emportée par le courant. Il me faudrait des années pour arriver à fouiller toute la rivière et je ne suis même pas certain de la trouver un jour. Je possède un million d'aiguilles dans la capitale. Venez et je vous les donnerai toutes !

— Non. C'est celle-là que je veux !

— Mais cela est impossible !!!

— Impossible ? ... Regarde ! »

Le roi se penche sur le bord de la rivière. Il chante une mélopée mystérieuse comme savent le faire les gourous et, aussitôt, un petit poisson sort la tête de l'eau, l'aiguille entre ses mâchoires. Il la remet au roi. Le roi se tourne alors vers son ministre éberlué, lui montre l'aiguille et lui dit :

« *Vous voyez ! Quel besoin ai-je de posséder un royaume quand j'ai trouvé la vérité ?* »

Dans les Évangiles, on trouve un court passage intitulé : « Jésus et Pierre paient l'impôt » (Mt 17, 24-27), dans lequel le Christ agit d'une manière assez semblable avec un poisson :

« Comme ils étaient arrivés à Capharnaüm, ceux qui perçoivent les didrachmes[1] s'avancèrent vers Pierre et lui dirent : "Est-ce que votre maître ne paye pas les didrachmes ? – Si", dit-il. Quand Pierre fut arrivé à la maison, Jésus, prenant les devants, lui dit : "Quel est ton avis Simon ? Les rois de la terre, de qui perçoivent-ils taxes ou impôt ? De leurs fils ou des étrangers ?" Et comme il répondait : "Des étrangers", Jésus lui dit : "Par conséquent, les fils sont libres [voulant dire, qu'étant fils de Dieu, il n'avait pas à payer l'impôt]. Toutefois, pour ne pas causer la chute de ces gens-là, va à la mer, jette l'hameçon, saisis le premier poisson qui mordra, et ouvre-lui la bouche : tu y trouveras un statère[2]. Prends-le et donne-le leur, pour moi et pour toi." »

Le poisson portant un trésor dans la bouche fait écho à celui qui rapporte un objet précieux à la demande du roi.

Pierre, comme tous les apôtres et comme d'habitude, n'a pas confiance en Jésus. Il leur faudra le miracle de la résurrection pour qu'ils cessent de douter et reçoivent l'illumination. L'ego agit de la même

---

1. Un impôt que tout juif mâle devait payer une fois l'an pour entrer au temple.
2. Une pièce de quatre drachmes.

façon. Tant que l'être essentiel n'est pas reconnu, il doute.

Quand Pierre arrive au temple, les gardiens lui demandent si son maître paye l'impôt. Il acquiesce car il n'a pas confiance en Jésus. Il n'ose pas dire que son maître n'a pas à payer puisqu'il est le propriétaire du temple.

Jésus doit faire un miracle pour démontrer qu'il est le propriétaire du véritable royaume, c'est-à-dire du royaume intérieur. En tant que tel, il l'est aussi de ses profondeurs, ainsi que du trésor enfoui et du messager (le petit poisson). Ce petit poisson existe en chacun de nous.

Nous sommes l'apôtre qui n'a pas confiance, le Christ propriétaire du royaume, le petit poisson et aussi la pièce de monnaie qui est notre vérité enfouie.

Quelle est la signification de cette histoire ? Ce passage des Évangiles, assez méconnu, ressemble curieusement à un conte de fées.

Ce petit poisson doit être merveilleux. Le fait qu'il morde à l'hameçon paraît cruel, mais en y réfléchissant bien, cet hameçon symbolise une recherche volontaire. Tu jettes un hameçon en toi-même.

Si tu ne te décides pas à chercher en toi-même, tu ne trouveras jamais la source. Je ne parle pas de la source de tes douleurs mais de celle de ton trésor, car nous sommes en possession d'un trésor. Pour le trouver, d'une part, la foi est primordiale et, d'autre part, il faut renoncer à certaines choses. Comme le fait ce roi. Il faut aussi avoir le courage de jeter l'épingle dans la rivière, la pensée dans l'inconscient. Il faut avoir ce courage, oser dépasser les défenses, dépasser toutes ces phrases qui nous retiennent comme par exemple : « Je n'arrive pas à produire. Je suis coincé », chercher profondément en soi et savoir que ce petit poisson, c'est-à-dire cette conscience, va revenir enrichi.

Le roi de cette histoire[1] dit à son ministre : « Que ferai-je de votre royaume puisque je suis entré maintenant à la cour du Seigneur qui règne sur tous les univers, les mondes et les enfers, et commande à tous les êtres animés qui les habitent ? Je vous en prie, allez-vous-en et faites ce que vous voulez ! Je ne suis plus désormais intéressé par votre royaume. »

Autrement dit, je ne suis pas intéressé par un royaume qui me soit extérieur, car j'ai découvert le mien et j'y ai trouvé un trésor.

---

1. Cette histoire vient d'un livre dont le titre est *Contes et Récits de l'Orient mystique*.

L'éléphanteau

Un groupe de derviches cheminait depuis plusieurs jours sans avoir trouvé de quoi se nourrir. Le ventre creux, les religieux rêvaient plus de nourritures terrestres que d'élévation spirituelle. Soudain, un éléphanteau passa près d'eux et traversa le chemin. Quelques pas plus loin, un sage, qui était en train de méditer, les mit en garde :

« Je vous en conjure, ne mangez pas ce petit animal. Vous risqueriez de le regretter amèrement. »

Les derviches, offusqués, lui répondirent qu'une telle idée ne leur était jamais venue à l'esprit. Pourtant, dès qu'ils furent hors de vue du sage, ils attirèrent l'éléphanteau, le tuèrent, le rôtirent et le mangèrent. Un seul parmi eux refusa de participer à la mise à mort de l'animal et de s'en nourrir. Repus, les autres se couchèrent et s'endormirent. Celui qui n'avait pas mangé était à demi assoupi, lorsqu'il vit une ombre immense s'approcher silencieusement. C'était la mère de l'éléphanteau. Elle promena sa trompe au-dessus de lui, renifla son haleine puis

s'éloigna. Elle se dirigea ensuite vers les autres dervi-
ches qu'elle renifla tour à tour. Ayant reconnu dans
l'haleine de ces hommes l'odeur de son petit, elle les
piétina tous. Le seul survivant fut celui qui s'était
abstenu.

Cette histoire de Rûmî peut s'interpréter de deux
façons différentes.

La première interprétation serait : lorsque tu te
salis intérieurement, cette saleté transparaît à l'extérieur de toi et te détruit. À quoi t'attends-tu lorsque
tu souilles ta bouche, ton cerveau, ton sexe et ton
cœur ? Attends-toi à être détruit par ton inconscient.
Je compare la mère éléphant à l'inconscient. Un
jour, il finit par te détruire parce que tu t'es pollué
sans réagir.

Cette interprétation est un peu trop mora-
liste mais, parfois, ce genre de concept me semble
utile.

J'ai vu, par exemple, une jeune femme enceinte
se nourrir très mal. Je n'avais jamais vu quelqu'un
manger aussi goulûment. Comme je m'en étonnais,
elle m'a expliqué qu'enfant elle mangeait avec les
mains et qu'il lui arrivait, parfois, de recommencer
lorsqu'elle n'y prenait pas garde. Je lui ai dit le plus
délicatement possible :

« Dans la mesure où tu attends un enfant, il serait
bon que tu remarques que, d'une part, tu manges
une nourriture polluée et que, d'autre part, tu la

manges très mal, c'est-à-dire sans cérémonial. Si tu veux travailler pour ton enfant, améliore-toi sur ce point ! Déjà dans la façon de te servir. Il y a une différence entre prendre un morceau de sucre avec délicatesse et se jeter dessus... un cérémonial s'impose. D'un autre côté, veille à la qualité de ton alimentation et change-la ! Ta façon de te restaurer dénote une fixation à l'enfance. Tant que tu continueras à manger ce que tu as mangé pendant ton enfance, non pas parce que cela te nourrit mais parce que tu gardes une attache affective à la nourriture primitive, tu n'arriveras pas à sortir de ton angoisse. »

La première chose que l'on peut demander à une personne angoissée, c'est : « Comment manges-tu et que manges-tu ? Sois conscient de cet aspect matériel de ta vie ! Tu espères sortir de l'angoisse en recevant un bon conseil psychologique ou une citation de Freud ou de Jung, mais la base, c'est le Denier du tarot, c'est-à-dire le corps ! Vois ce que tu es en train de manger en ce moment et pourquoi ! »

Dans la seconde interprétation possible de cette histoire, on pourrait dire que le derviche qui n'a pas mangé de l'éléphanteau est comme un abstinent qui refuse d'entrer dans la vie (l'éléphanteau étant la nourriture divine). Par contre, les autres religieux communient avec la nourriture divine. Quand la divinité (l'éléphant adulte) arrive, elle sent ceux qui ont mangé son petit et elle les écrase dans le sens où elle les incorpore à elle. L'acte de mort devient un acte de transformation. Ceux qui ont communié sont transformés, contrairement à celui qui s'est abstenu.

Les raisins

Un Persan, un Arabe, un Turc et un Grec, affamés, errent dans le désert. Rêveur, le Persan évoque le goût des angûrs *et souhaite en manger sur-le-champ. L'Arabe remarque qu'il serait bien plus agréable de manger des* inabs. *Le Turc le reprend en affirmant que des* uzums *seraient plus indiqués dans leur situation. Le Grec surenchérit en louant les vertus des* iztafils.

Voulant tous avoir le dernier mot, les quatre hommes commencent à se quereller. Alors qu'ils sont sur le point d'en venir aux mains, un sage, croisant leur chemin, comprend l'objet de leur querelle et les calme aussitôt en leur disant :

« Cessez de vous battre ! Vous parlez de la même chose. Vous voulez tous manger du raisin. Celui-ci se nomme angûr *en persan,* inab *en arabe,* uzum *en turc et* iztafil *en grec. »*

Je pense que l'ego possède quatre centres, ayant chacun sa propre expression : le langage de l'intellect se concrétise par les idées, celui du cœur par les émotions, celui du sexe par les désirs et celui du corps par les actions. Ces quatre centres ne communiquent pas entre eux et mènent leur vie indépendamment les uns des autres. C'est pourquoi une certaine sagesse intérieure, que j'appelle la cinquième essence, doit nous traduire le langage de ces différents centres. Son rôle consiste à faire en sorte que tous ces langages deviennent compatibles afin que l'intellect comprenne le cœur, le sexe et le corps, que le cœur comprenne l'intellect, le sexe et le corps, etc.

C'est un résumé d'un des principes clés de la théorie de Gurdjieff. Cette histoire l'illustre très clairement.

Nos amis les ours

Un chasseur, longeant une rivière, se trouve soudain en présence d'un drame de la nature : un énorme crocodile, ayant happé la patte d'un ours, tente de l'entraîner dans les flots. L'homme tue sans hésiter le crocodile avec sa carabine, libérant ainsi l'ours blessé. Ce dernier porte autour du cou un collier : il se trouve qu'il appartient à un cirque qui campe à quelques centaines de mètres de là. À partir de cet instant, l'ours voue une reconnaissance et une affection débordantes à son sauveur.

Quelque temps plus tard, l'homme suivi de son nouvel ami l'ours va rendre visite au propriétaire du cirque. Il tente de négocier le rachat du plantigrade, arguant du fait qu'il avait vécu jusqu'à ce jour solitaire et qu'il avait enfin trouvé un ami pour combler cette solitude. « Marché conclu », répond le propriétaire du cirque qui finit par céder devant l'insistance du chasseur.

L'homme et l'ours se mettent à vivre ensemble, l'ours veillant sur son nouveau maître et tenant à lui comme à la prunelle de ses yeux.

Un jour, l'homme décide de faire un somme. Il prie son compagnon d'éloigner de lui les mouches entêtantes qui vrombissent au-dessus de sa couche. Alors que l'homme s'est endormi, une mouche, déjouant la vigilance de l'animal, se pose sur le front du dormeur. L'ours, ayant en vain agité ses pattes pour l'obliger à s'envoler et soucieux de préserver le sommeil de son ami, décide d'employer les grands moyens. Il soulève alors un énorme roc, l'apporte dans la chambre du dormeur et le laisse tomber sur l'insecte. Ce dernier périt sur le coup ainsi que le dormeur.

Par cette histoire, les soufis disent qu'il vaut mieux avoir un ennemi qu'un ami idiot.

Combien d'amitiés idiotes ai-je cultivées dans ma vie ? Combien de temps ai-je perdu dans des relations inutiles ? Combien de fois des « amis » sont-ils venus prendre un thé chez moi et parler de n'importe quoi, pour meubler le temps ? Ou ces gens qui viennent te voir et te disent : « Je m'ennuie. J'ai deux heures à remplir. »

Quand j'étais adolescent, j'ai rempli la vie de beaucoup de personnes. Elles m'utilisaient comme un meuble dans leur existence.

Combien « d'ours » se trouvent-ils mêlés à votre vie, aujourd'hui même ?

La chambre secrète

Parce qu'il était jeune, beau, intelligent et bon, Ayâz était le favori du roi. Ce dernier se plaisait en sa compagnie. Il recherchait ses conseils et lui vouait une entière confiance. Pour sceller leur amitié, il combla Ayâz de cadeaux qui se retrouva, grâce à cette générosité, à la tête d'une petite fortune.

Son statut ne manqua évidemment pas d'exacerber la haine et la jalousie des autres courtisans qui ne rêvaient que de sa chute et cherchaient par tous les moyens à le discréditer auprès du roi. Comme Ayâz s'enfermait tous les jours dans une petite chambre et qu'il y restait un certain temps, les courtisans pensèrent avoir enfin trouvé la preuve de sa duplicité. Ils imaginèrent qu'il y détenait le fruit de ses rapines. Ils s'empressèrent de faire part de leurs soupçons au roi et le supplièrent de démasquer le traître en visitant la chambre mystérieuse.

Pressé par cette meute haineuse et certain de la fidélité de son favori, le roi accepta cette requête afin de faire taire les mauvaises langues. Il ordonna qu'on abatte la porte de la chambre et, suivi de ses courtisans, pénétra dans la pièce. La stupéfaction fut générale quand tout le monde découvrit que la pièce était complètement vide. Au lieu d'y trouver des montagnes de richesses protégées du regard des curieux, l'assistance ne vit qu'une vieille paire de sandales en cuir et un pauvre costume tout rapiécé. Intrigué, le roi fit venir Ayâz et lui demanda pourquoi il gardait si soigneusement ces vieilles loques. Ce dernier lui répondit avec modestie :

« C'est vêtu de ces fripes que je suis arrivé à la cour et je viens les voir chaque jour pour me rappeler tous les bienfaits que vous m'avez prodigués depuis. »

À présent, j'ai beaucoup de plaisir à observer ce qui se passe à l'intérieur de moi. Mes rêves sont comme des cadeaux du ciel. Ils sont toujours très beaux et je ne fais plus de cauchemars. Chaque fois que je prends conscience du fait que, maintenant, je me sens vraiment bien, je vais faire un petit tour dans mon passé et je me rappelle quelles souffrances j'ai dû traverser pour atteindre cet état de vie et combien d'années celles-ci m'ont accompagné. Pendant au moins vingt ou trente ans, la névrose fut mon pain quotidien. Aujourd'hui, avant de m'endormir, j'ouvre la porte et je me dis : « Je ne sais pas si j'ai trouvé le bonheur mais, en tous cas, j'ai fait beaucoup de progrès, j'ai bien avancé. »

Le prisonnier et le scarabée

Un homme était emprisonné à vie au sommet d'une tour. N'acceptant pas cette séparation, sa femme entreprit de l'aider à s'échapper. Elle attrapa un scarabée et, après avoir attaché délicatement un fil de soie extrêmement fin à l'insecte, elle enduisit ses antennes d'une goutte de miel. Elle le déposa au pied de la tour, les antennes dirigées vers le sommet. L'insecte, dans son désir d'atteindre le miel, grimpa, grimpa et rejoignit la fenêtre du prisonnier. Ce dernier, après avoir libéré le scarabée, tira sur le fil de soie. Au bout, était attaché un autre fil un peu plus épais. Celui-ci était suivi d'une ficelle, la ficelle d'une cordelette et enfin la cordelette d'une solide corde que l'homme fixa à l'intérieur de sa cellule et utilisa pour descendre de la tour et s'enfuir avec sa femme.

Certaines connaissances s'acquièrent à petites doses. L'image du barrage dans lequel tu perces un petit trou est une bonne métaphore. Au début, l'eau s'écoule goutte à goutte, puis devient filet d'eau.

Ensuite, très vite celui-ci se transforme en ruisseau et, à la fin, toute l'eau retenue s'échappe.

Parfois, il faut s'engager dans une action ou un travail pas à pas, avec une patience infinie et sans s'affliger du manque de résultat immédiat. Patience ! Patience infinie devant tes amis, devant la réalité...

La cause et l'effet

Du haut d'un minaret, un muezzin appelle à la prière. Il s'enthousiasme à tel point qu'il en perd l'équilibre et il tombe juste au moment où un maître soufi passe au pied du minaret. Le muezzin atterrit sur le maître qu'on doit hospitaliser. Ses disciples viennent lui rendre visite à l'hôpital et lui disent :

« Toi qui tires parti de tout ce qui arrive, comment vas-tu tirer parti de cet événement ?

— C'est très simple, répond le maître. Cela montre que la loi du karma n'est pas juste. On dit que la cause produit l'effet, que celui qui sème récolte ce qu'il a semé. Pourtant, dans ce cas, le muezzin a semé et, moi, j'ai récolté. »

Les autres peuvent semer et nous, récolter le mal qu'ils font. Nous ne vivons pas dans un arbre mais dans une forêt. Nous pouvons être parfaits en privé, si nous ne faisons rien pour le monde, cela finira par nous retomber sur le dos. Nous respirons le même air, les mêmes virus. Nous sommes tous reliés. Il faut être bien attentif au monde, en prendre possession et faire ce que l'on peut pour lui. Nous n'en sommes pas séparés. La faute des autres retombe sur nous.

Tant qu'il y a un coq

Un misérable ouvrier errait en quête d'un travail pour subvenir aux besoins de sa famille. Un jour, il rencontra un vieillard qui lui tint le discours suivant :

« Je suis un saint. Si tu m'accueilles chez toi, tant que tu me nourriras, tu n'auras jamais faim. »

L'homme invita aussitôt le vieillard à venir vivre chez lui. Il lui fit une place d'honneur dans sa maison et, malgré la désapprobation de sa femme, le nourrit généreusement. Le saint homme, doué d'un bon coup de fourchette, épuisa rapidement les maigres provisions du foyer.

Un matin, au réveil, voyant sa réserve vide, la femme, folle de rage, appela son mari :

« Regarde, le jour se lève et nous n'avons plus rien à manger, lui dit-elle. Dis à ce vagabond de partir ! Je n'accepterai pas qu'il passe un jour de plus ici ! »

L'homme, ennuyé, s'approcha du vieillard encore endormi :

« Maître, le coq chante et le jour se lève mais nous n'avons plus rien à manger...

– *Tu te trompes ! répliqua le vieillard en ouvrant un œil. Il reste encore un coq !* »

(J'aime à penser que lorsqu'on ouvre le gosier du coq, on y trouve un gros diamant.)

Si un médecin te dit qu'il faut t'enlever l'œil, qu'un deuxième confirme le diagnostic et qu'un troisième se joint à l'avis des deux premiers, va en voir un quatrième ! Ne te fie jamais à l'opinion d'une personne lorsque cette opinion peut avoir de graves conséquences dans ta vie ! Ne jamais faire complètement confiance à une seule personne dans une affaire pareille !

Cette histoire nous dit qu'il ne faut jamais abandonner et estimer la bataille perdue tant qu'il reste encore une possibilité non explorée.

Tahar et le parfum

Depuis qu'il était égoutier, Tahar passait toutes ses journées à patauger dans les excréments. Un jour, en sortant de son travail, une parfumerie éveilla sa curiosité et il pénétra dans le magasin. Interpellé par toutes ces fragrances inconnues, il inspira profondément pour mieux les saisir, mais son corps se raidit et il s'évanouit sur-le-champ. On essaya de le réveiller sans succès. On lui fit respirer des sels, on lui donna des petites claques sur les joues, on l'aspergea avec de l'eau, en vain. Tahar restait inconscient.

Prévenu, son père se précipita à la parfumerie, muni d'une petite boîte pleine d'excréments. Une fois sur place, il s'approcha de Tahar et ouvrit la boîte sous son nez. Quelques secondes plus tard, celui-ci se réveilla, étonné de se retrouver dans cette situation.

C'est une histoire de Rûmî, maître soufi du douzième ou treizième siècle.

Il existe certains niveaux de l'être auxquels nous ne pouvons accéder sans passer au préalable par une profonde catalepsie, autrement dit sans mourir à nous-même.

Si nous percevons en nous un nouveau niveau plus élevé, il nous faut mourir à nous-même pour l'atteindre. Si nous restons attaché à ce que nous sommes tout en essayant d'y accéder, nous entrons dans une crise profonde. Il n'est plus question de renaissance, mais d'évanouissement et de crise.

À l'intérieur de nous, des parfumeries côtoient nos égouts. On ne peut pas passer de l'une à l'autre sans transition. Il faut avancer lentement pour s'habituer à une nouvelle façon d'être. Progresser n'est pas si facile. C'est d'ailleurs pour cette raison que l'on compare le travail et le progrès spirituel à l'art de la taille du diamant.

Le mendiant et l'avare

Un jour, un mendiant frappa à une porte pour demander la charité. Un homme vint lui ouvrir :

« Auriez-vous un peu de pain à me donner ? demanda le mendiant.

— Certainement pas ! répondit le propriétaire de la maison. Je ne suis pas boulanger. Passe ton chemin !

— Peut-être auriez-vous un peu de viande ?

— Encore moins ! Je ne suis pas boucher ! Va-t'en !

— Un peu de farine alors ?

— Mais non ! Cette maison n'est pas un moulin ! N'insiste pas !

— Et un peu d'argent ? Pourriez-vous me donner un peu d'argent ?

— Ça suffit ! Je ne suis pas une banque ! Hors d'ici !

— Puisque vous ne pouvez rien me donner, insista le mendiant, pouvez-vous au moins me permettre de me reposer à l'ombre, dans votre maison ?

— Assieds-toi là ! » dit l'avare excédé, montrant une chaise à l'intérieur.

Le mendiant pénétra dans la maison et commença aussitôt à y faire ses besoins.

« Mais que fais-tu là ? hurla le propriétaire sidéré.

– Dans un lieu aussi inutile, je ne vois rien d'autre à faire que chier ! »

C'est encore une histoire de Rûmî.

Quelle est mon utilité si je ne suis pas généreux ? La maison pourrait symboliser l'ego et toutes ses richesses. Si je ne suis pas capable de partager ce que je possède, je suis digne d'être pris pour un lieu d'aisances.

Le bijou du roi

Un jour, un sultan convoqua ses ministres les uns après les autres. Il montra à chacun un merveilleux bijou finement ouvragé. Il demanda au premier :

« À combien estimes-tu ce bijou ?

— Majesté, répondit le ministre, il vaut au moins la quantité d'or que peuvent porter six mulets.

— Ton évaluation est correcte », dit le sultan.

Puis il tendit un marteau au ministre et, plaçant le bijou devant lui, lui ordonna :

« Casse-le ! »

Le ministre recula, effrayé, et finit par bafouiller péniblement :

« Majesté, c'est impossible ! C'est un bijou inestimable. Je ne peux pas faire ça ! »

Le sultan le combla de cadeaux et le fit asseoir à ses côtés. Puis il fit venir un deuxième ministre qui réagit comme le premier. Le troisième, le quatrième et tous les autres en firent autant. Tous, couverts de cadeaux, siégeaient autour du sultan qui convoqua, alors, son esclave préféré. Lui montrant le bijou, il lui demanda à combien il l'évaluait :

« Je ne saurais le dire, répondit l'esclave. Sa valeur est trop grande pour que je puisse l'estimer.

— Eh bien, casse-le ! » ordonna le sultan, lui tendant le marteau.

Sans hésiter, l'esclave prit le marteau et broya le bijou du premier coup. Les ministres furent scandalisés. Le sultan, lui, pleura d'émotion.

« Je ne suis pas ici pour refuser de casser un bijou et recevoir des cadeaux, se justifia l'esclave. Obéir à l'ordre de mon maître compte plus pour moi que cet objet précieux. »

À un moment donné, si nous voulons avancer et que notre voix intérieure, notre maître intérieur, nous l'ordonne, nous devons accepter de sacrifier certaines choses, aussi précieuses soient-elles.

Il faut parfois sacrifier la gloire, parfois une carrière artistique ou un couple ou un travail important, etc. Obéir à l'appel peut coûter très cher.

L'âne est parti !

Un soir, un voyageur arriva dans une petite ville, accompagné d'un serviteur et d'un âne chargé de marchandises. Devant une auberge, il dit à son serviteur :

« Garde bien l'âne pendant que je vais boire un verre de lait ! »

Pénétrant dans l'auberge, il vit un groupe de soufis en train de chanter et danser ensemble. On le convia à entrer dans le cercle et on lui proposa de prendre pour thème : l'âne est parti. Heureux de participer à une activité si hautement spirituelle et imaginant que l'âne symbolisait l'ego dont il faut se défaire, l'homme accepta cette proposition de bon cœur. Il se mit à chanter et danser avec un tel enthousiasme qu'il entra en extase.

Quelque temps plus tard, lorsqu'il voulut reprendre sa route, il s'aperçut que son âne avait disparu. Furieux, il apostropha son serviteur :

« Qu'as-tu fait, scélérat ? Je t'avais ordonné de garder l'âne !

— Je suis venu vous prévenir qu'on était en train de

vous le prendre, répondit le serviteur contrit, mais je vous ai vu très heureux en train de chanter : "L'âne est parti. L'âne est parti." Je n'ai donc pas insisté ! »

Cette histoire nous conseille de ne pas chanter avec n'importe qui. Il faut faire attention dans le choix de nos relations. Se méfier, sans pour autant tomber dans la paranoïa.

Les histoires de Mulla Nasrudin

« Ne va pas trop vite pour ne pas rattraper
la mort, ni trop lentement pour ne pas être
rattrapé par la mort. »

Proverbe arabe

Introduction

On l'appelle Mulla Nasrudin, Môlla Nasrodine, Ch'ha, Joha, Toto, etc. Il a toutes les nationalités, surtout orientales. Il existe en Chine autant que dans les pays de l'Est.

Il est parfois idiot, parfois sublime. D'une histoire à l'autre, il passe sans problème du statut de SDF à celui de notable. Il lui arrive aussi d'être maître soufi.

Ses aventures ne sont pas à proprement parler comiques, mais populaires, traditionnelles. Elles ont été utilisées par les maîtres soufis comme support initiatique au service de leur enseignement.

Pour des commodités de lecture, nous avons uniformisé son nom au fil des histoires que nous vous présentons : Mulla Nasrudin.

Les projets et la réalité

Un soir Mulla Nasrudin dit à son épouse :
« S'il pleut demain, j'irai ramasser du bois dans la forêt. S'il ne pleut pas, j'irai labourer notre champ...
— Dis Inch Allah [Si Dieu le veut], comme un bon croyant ! lui conseilla sa femme.
— Pourquoi ? répondit Nasrudin, agacé. Qu'il pleuve ou non, j'ai quelque chose à faire ! »
Le lendemain se leva sur un soleil splendide. Mulla se prépara pour labourer son champ. En chemin, il rencontra une troupe de soldats.
« Eh, toi ! lui crièrent-ils. Quelle direction devons-nous prendre pour aller à tel village ?
— Je ne m'en souviens pas..., répondit Nasrudin, qui ne voulait pas perdre son temps dans des explications.
— Eh bien voyons si cela te rafraîchit la mémoire, dirent-ils en se mettant à le rosser à coups de bâton.
— Je m'en souviens maintenant ! cria Nasrudin.
— Alors, guide-nous jusque-là... », lui ordonnèrent les soldats.
Tandis qu'ils marchaient, il se mit à pleuvoir et,

quelques heures plus tard, lorsqu'il quitta les soldats dans le village qu'ils cherchaient, Nasrudin prit le chemin du retour, trempé, épuisé, les pieds endoloris. Très tard dans la nuit, presque à l'aube, il arriva, se traînant à moitié, à la porte de son foyer. Il frappa à la porte, qui était fermée.

« Qui est là ? cria sa femme, de l'intérieur.

– C'est moi, Inch Allah ! » lui répondit Mulla Nasrudin au bord des larmes.

Lorsque nous faisons des projets, nous devons toujours compter avec l'imprévu, ne pas essayer d'adapter la réalité à nos plans, mais adapter ceux-ci à la réalité. Notre volonté n'est qu'une partie de la volonté du monde.

Le nougat

Passant devant une confiserie, Mulla éprouva une forte envie de nougat. Bien qu'il n'eût pas un sou en poche, il entra et commença à en manger. Au bout d'un moment, le confiseur lui présenta la note, mais Nasrudin n'y prêta pas la moindre attention. Le confiseur sortit alors une trique et se mit à le rosser copieusement. Or, pendant qu'il recevait les coups, Mulla continuait à s'empiffrer.

« Quelle bonne ville ! souriait-il. Comme ses habitants sont affables ! Ils vous forcent à manger du nougat à coups de bâton ! »

Rien ne dévie Mulla de son objectif. Il lance sa flèche et celle-ci poursuit son but sans faillir... il mange du nougat.

Si tu transposes cette histoire dans le domaine initiatique, tu peux dire que le nougat est ta vérité, ta nourriture essentielle, et que les coups de la vie t'en rapprochent de plus en plus. Comme Mulla, tu reçois des coups mais, au lieu de te morfondre,

tu dis : « Comme la vie est belle ! Elle me nourrit !
Elle travaille pour que j'arrive à ma vérité essentielle,
à ma réalisation. »

La vie nous envoie des épreuves pour nous forcer
à nous réaliser. Si nous en sommes conscients, nous
acceptons ses leçons.

Neuf ou dix !

Une nuit, Mulla Nasrudin fit un rêve étrange : un riche inconnu vint lui rendre visite et lui donna neuf dinars. Mulla refusa en disant :

« Et pourquoi neuf seulement ? Donne-m'en un de plus et cela fera un compte rond. »

L'homme refusa. Mulla insista, supplia, se débattit tant qu'il finit par se réveiller. Voyant sa main vide, il maudit son mauvais caractère qui lui avait fait perdre ce présent inespéré ! Aussi, se remettant en position de sommeil, il ferma les yeux, tendit la main en s'excusant :

« Bon, ça va, donne-moi quand même les neuf dinars... »

Une jeune femme algérienne, mariée avec un Français, est venue me voir pour que je lui tire un Tarot. Elle a fait des études d'architecture et elle aime ce métier. Or, elle s'est rendue compte qu'elle ne peut pas l'exercer en France. Je lui dis :

« Tu dois éprouver un grand amour pour avoir quitté ton pays afin de vivre avec cet homme ?

– Oui, je l'aime beaucoup.

– Alors, tu te sacrifies ?

– Oui, mais je le vis mal. »

Le résumé de son tirage était la Maison Dieu.

Dans cette carte, il y a une tour. Je lui dis :

« Écoute ! Ta carte, c'est la construction. Pour toi, l'architecture est importante ! »

Mon assistante lui a suggéré :

« Peut-être peux-tu faire de l'architecture d'intérieur ? »

La jeune femme avait les mains tachées car elle venait de faire de la peinture sur soie. Elle a tout de suite acquiescé en reconnaissant que cela lui était possible. J'ai ajouté :

« Tu fais une petite dépression. Tu as quitté ta famille pour vivre avec cet homme et depuis, tu es dans un paradoxe affectif. Tu souffres d'avoir quitté les tiens, mais tu ne peux pas vivre sans ton mari. Tu n'es bien ni ici ni là-bas.

« Au fond, tu n'acceptes pas les neuf dinars. Pourtant, la vie est en train de te donner un cadeau formidable. Tu vis un grand amour à Paris et tu es à deux ou trois heures d'avion de ta famille. Tu me dis que tu cherches du travail et que l'on ne t'en donne pas. Crois en toi ! Arrête de mendier ! En fait, tu demandes pour que l'on te refuse, pour pouvoir dire que tu étais mieux là-bas, pour pouvoir exprimer ta dépression et ton regret d'avoir quitté ta mère. Pourtant, tu as tout. Tu as neuf dinars. Travaille ici avec tes soies et tout le reste ! Fais de la décoration d'intérieur ! Réalise ta vocation et rends visite à ta mère tous les mois ou tous les deux mois ! C'est suffisant. »

Parce que l'on veut dix dinars, on ne jouit pas de ce que l'on a, ici et maintenant. On veut tout ou rien.

En général, les gens se plaignent de ce qu'ils ont. Ils pensent qu'ils n'ont jamais assez. Quand on est dans la demande, cette demande est infinie. Pourtant, que dit l'Ancien Testament ? Il dit : « *Heureux* le sage *parce qu'il est* satisfait *de son lot.* »

Si nous sommes insatisfaits de ce que nous avons aujourd'hui, nous aurons beau obtenir davantage, nous resterons toujours insatisfaits. Acceptons les neuf dinars ! Sachons en profiter... le peu que nous avons pourrait nous être retiré au réveil.

Les piments rouges

Au cours d'un voyage, Mulla Nasrudin arrive dans un village. Sur le marché, il tombe en arrêt devant un étalage de fruits exotiques inconnus, qui lui paraissent fort appétissants.

« Ces fruits me semblent excellents. Donnez-m'en un kilo ! » dit-il au vendeur.

Il repart, tout content de son achat. Un peu plus loin, il croque à pleines dents dans un de ces beaux fruits rouges, mais se retrouve aussitôt la bouche en feu. Il rougit, ses yeux pleurent, pourtant il continue à manger. Un passant, qui le regarde faire depuis un moment, l'aborde :

« Mais que faites-vous là ?

— Je croyais ces fruits très bons. Pensant qu'un seul ne me suffirait pas, j'en ai acheté un kilo.

— Je comprends, mais pourquoi persistez-vous à les manger ? Ce sont des piments rouges. Ils sont terriblement forts.

— Ce ne sont pas les piments que je mange maintenant, éructe le Mulla, c'est mon argent. »

On a fait beaucoup d'efforts pour obtenir une situation ou pour construire un couple ou autre chose, et cependant on s'est trompé, mais on insiste : on s'obstine à manger les piments. Ici, les piments, c'est l'effort que l'on a fourni. On n'est pas assez humble pour reconnaître que l'on s'est trompé. On continue à investir tout ce que l'on possède dans les piments.

Si on veut changer, à un moment donné, il faut être assez humble pour dire : « Je me suis trompé. J'ai acheté un kilo de piments que je ne peux manger. Cela me fait du mal. Je sors de ça et je recommence autre chose ! »

« J'ai passé trente ans avec cette femme », ou « j'ai passé vingt-cinq ans à mener cette vie imbécile ».

« Il te reste deux solutions : recommencer ta vie ou ne pas mettre fin à cette relation, mais la réorganiser. »

Quand on a passé de nombreuses années avec quelqu'un, il faut réajuster le couple. Ne pas continuer avec une vieille organisation qui ne correspond plus à la réalité présente. On se dit :

« Je m'étais proposé dans ma jeunesse un idéal pour ma famille, mais les années ont passé et les intérêts ont changé. Je ne peux pas continuer à vivre de cette façon : je vais tout réordonner. »

Le clou du Mulla

Mulla Nasrudin, ayant subi des revers de fortune, se voit dans l'obligation de vendre la maison qu'il tient de son père. Profitant de la situation, un homme sans scrupules lui en propose un prix dérisoire. Nasrudin se rend bien compte qu'il a affaire à un voleur, mais il accepte en y mettant une petite condition.

« Laquelle ? »

— Vous voyez, sur ce mur, il y a un clou !... Ce clou, c'est mon père qui l'a planté et c'est le seul souvenir qui me reste de lui. Je vous vends cette maison, mais je désire rester propriétaire du clou. Si vous souscrivez à cette condition, j'accepte votre offre !... Sur ce clou, j'aurai, évidemment, le droit de pendre tout ce qu'il me plaira ! »

L'acheteur se rassure en pensant qu'un clou dans une maison n'est pas grand-chose. Il demande au Mulla :

« Viendrez-vous souvent ?

— Non, non, pas souvent... »

Tranquillisé, l'acheteur accepte la clause. Ils signent un contrat de vente devant les autorités, sur lequel est précisé que Mulla Nasrudin est le propriétaire du clou et qu'il peut en faire tout ce qu'il veut. Le nouvel acquéreur prend possession des lieux et s'y installe avec toute sa famille, jusqu'à ce qu'un jour Nasrudin arrive.

« Puis-je voir mon clou ?

— Mais oui ! Passez donc ! » répond cordialement le propriétaire. Le Mulla entre et se recueille profondément devant le clou, puis il repart.

Quelques jours plus tard, il revient avec un petit cadre dans lequel se trouve la photo de son père.

« Puis-je voir mon clou ? »

Le propriétaire le laisse entrer et Nasrudin accroche le cadre (clause oblige).

La fois suivante, il arrive avec un manteau et une tunique.

« Ce sont des vêtements qui ont appartenu à mon père. Je veux les pendre sur mon clou ! » dit-il à l'acquéreur légèrement agacé.

Mais, un jour, le Mulla se présente à la porte en traînant derrière lui le cadavre d'une vache. Le propriétaire stupéfait lui demande :

« Mais que venez-vous faire ici avec cette carcasse ?

— Pardi, je viens la pendre à mon clou !... »

Ce qu'il fait aussitôt, sourd aux supplications de l'acquéreur abasourdi. La police, appelée sur le lieu du litige, donne raison à Nasrudin au vu du contrat. Le cadavre se met à pourrir au grand dam du propriétaire impuissant. Au bout d'un certain temps, Nasrudin revient avec une nouvelle carcasse qu'il accroche au même clou. La puanteur est telle que le propriétaire se *trouve dans l'obligation de fuir l'endroit. Et c'est ainsi que Nasrudin récupère sa maison.*

De cette histoire, on peut tirer deux sortes d'interprétations : une positive et une négative. Commençons par la positive.

Prenons la maison comme un symbole de l'ego. Le clou, dans ce cas de figure, pourrait être le point de départ pour commencer un travail spirituel. À partir de ce point, je peux, par une étude progressive, devenir maître de ma maison.

Une personne à qui je tirais un Tarot m'a demandé : « Qui suis-je essentiellement ? » Je lui ai répondu au creux de l'oreille : « Tu n'es pas autre chose que Dieu ! Rien d'autre ! »

La personne a réagi en disant : « Ce n'est pas possible. Je ne comprends pas », et elle est partie. Elle n'a pas voulu pendre Dieu à son clou. Pour elle, c'était impossible. Elle devait vivre dans une maison vide, sans clou et sans être essentiel.

Nous sommes souvent dans le même cas et nous bradons notre « maison » à un prix dérisoire. C'est-à-dire que nous entrons dans la vie en sacrifiant notre être pour peu de chose.

J'ai dit à cette personne :

« Tu n'étais pas désiré. Si tu es venu au monde, c'est parce que...

– Parce que je le voulais !

– Non ! C'est parce que l'Univers le voulait et seulement pour cette raison ! »

Il y a tant de choses qui s'opposent à notre naissance et à notre développement qu'on peut reconnaître sans peine que si nous sommes là, ici et maintenant, c'est que nous répondons à un dessein de l'Univers qui nous échappe totalement.

À présent, voyons l'autre interprétation possible. Cette histoire nous donne un avertissement. Elle nous conseille de rester vigilant afin d'éviter que quelqu'un vienne planter un clou dans notre monde personnel. Accepter un clou, aussi petit soit-il, c'est prendre le risque de tout perdre.

Dernièrement, un journaliste qui assiste à mes conférences m'a demandé une interview. En général, je n'en donne pas, sauf lorsqu'il s'agit de promouvoir mon travail artistique. Le Jodo qui donne des conférences et tire les Tarots n'a pas besoin de publicité. Exceptionnellement, j'ai accepté. C'était bien pour lui. L'était-ce pour moi ?... Peut-être.

Il m'a demandé l'autorisation d'amener un photographe. Là aussi, j'ai accepté, mais à condition que celui-ci fasse ses photos au café avant la conférence. Quand le photographe est arrivé, il m'a tout de suite dit : « Mais je ne peux pas vous photographier ici ! Il y a trop de monde. Il faut que je vous photographie chez vous, dans votre intimité ! Fixez-moi un rendez-vous ! »

Cet homme avait une conception de la photographie à laquelle je devais m'adapter. Comme j'ai refusé, il a insisté :

« C'est vraiment dommage. Vous allez y perdre. Nous aurions pu faire de très beaux portraits.

– Moi, je n'ai rien à perdre, lui ai-je répondu. Un beau portrait de moi ne m'intéresse pas. Je ne veux pas entrer dans ce monde-là ! Si vous voulez une photo, faites-la ici ! C'est à prendre ou à laisser ! »

Poser est une concession que je refuse de faire. Si je laissais entrer ce clou, le cadavre de la vache ne tarderait pas à arriver : je me retrouverais à la télé en train de jouer les Monsieur Soleil ou plutôt Monsieur Lune, le compère de Madame Soleil.

La moindre petite concession est un clou chez soi. C'est en cela que l'intellect nous aide. Son rôle est de veiller avec une attention constante à ce que personne ne vienne dans notre univers planter des clous qui ne nous correspondent pas.

Je ne suis pas contre les fumeurs, mais cela me fait de la peine de les voir fumer. Chaque cigarette est un clou.

Chaque expérience, chaque chose que nous acceptons et qui ne nous correspond pas revient à laisser entrer le cadavre de la vache chez soi.

Il existe une expérience scientifique que je cite souvent. Si, imperceptiblement, on chauffe l'eau dans laquelle se trouve une grenouille, cette dernière ne sent absolument pas l'augmentation de la chaleur, qui se fait graduellement, et elle finit par cuire sans avoir esquissé un seul geste pour échapper à sa mise à mort.

De même, les choses se décomposent graduelle-ment. C'est pourquoi il faut les chasser avant qu'elles ne s'installent. Empêcher tout de suite que le clou ne soit planté.

Si je me rends compte que l'eau bout, je ne vais pas attendre demain pour en sortir. Dès que je prends conscience que quelque chose ne va pas dans ma vie, je passe tout de suite à l'action. Il est bon d'apprendre à dire non. Pouvoir dire : « Non, je ne ferai pas ce que vous me demandez ! » Évidemment, si l'on met un canon de revolver sur ma tempe pour que j'obtempère, j'obéirai sans opposer de résistance. Mais si au contraire j'ai le droit de dire ce que je pense, alors j'utiliserai ce droit quand je le jugerai nécessaire.

Je ne ferai pas comme cette pauvre femme qui se faisait tout le temps draguer et à qui il arrivait des histoires sexuelles invraisemblables parce qu'elle était incapable de dire : « Non ! » Elle avait beau détester les situations dans lesquelles elle se trouvait, elle n'osait pas refuser. Personne ne le lui avait appris et, en outre, on l'avait culpabilisée quand elle avait essayé de le faire.

Pourtant, lorsqu'on sait dire non, dire oui a une tout autre saveur.

Où est ton oreille, Mulla ?

Lorsqu'on demanda au Mulla : « Où est ton oreille gauche ? », il passa son bras droit par-dessus sa tête et, touchant son oreille, dit : « La voilà !

— Mais pourquoi fais-tu cela ? Ne serait-il pas plus simple de toucher de ta main gauche l'oreille qui est du même côté ?

— Ce serait plus simple, en effet, répliqua-t-il, mais si je faisais comme tout le monde, alors, je ne serais plus Mulla Nasrudin. »

Autrement dit, pour être moi-même (ou me sentir moi-même), je dois toucher mon oreille de cette façon excentrique.

J'ai demandé à mon fils, adolescent, ce qu'il en pensait. Il m'a répondu : « Nous sommes tous conditionnés à toucher notre oreille d'une manière identique, stéréotypée. Et pourquoi moi, artiste, ne la toucherais-je pas de la manière qui me plaira, comme je le sens ? »

C'est là un point de vue intéressant.

On peut voir dans la façon d'agir de Mulla Nasrudin, le désir de se singulariser par des actes extravagants, qui attirent l'attention. Dans ce cas, au lieu de m'identifier à mon être essentiel, je m'identifie à des choses théâtrales. Je ne le fais pas pour « être », mais plutôt pour « être différent », et je crois qu'en l'étant, je suis moi-même.

Je pense que ce n'est pas la voie. Être, c'est être naturellement différent. Par conséquent, à quoi bon chercher à en faire plus pour se distinguer ?

Un homme avisé

Le Mulla interrogea un paysan :

« Comment procèdes-tu lorsque tu veux faire tes ablutions au bord de la rivière ?

– Eh bien je me déshabille et je me plonge dans l'eau.

– N'oublies-tu pas que, même dans l'eau, tu dois te tourner vers La Mecque ?

– Vers La Mecque, c'est possible, mais c'est surtout du côté de mes vêtements que je lorgne, de peur qu'un voleur me les prenne ! »

Quand j'ai demandé à mon maître zen Ejo Takata : « Pourquoi attaches-tu ta ceinture de cette façon ? », il m'a répondu : « Pour que mon pantalon ne tombe pas. » Là, j'ai reçu une bonne leçon : une leçon zen. Les choses ont une utilité. Quand il est nécessaire de fermer la porte, on la ferme. Ne jamais oublier d'avoir l'esprit pratique. Attention au réel ! Dès qu'on ne fait plus attention au réel, on s'en éloigne. La religion ne doit pas nous sortir de la réalité. Un vrai moine ou un vrai croyant ne s'en détourne jamais. Il protège son bien et il reste constamment vigilant à tout ce qui se passe autour de lui.

Dans notre famille, chaque fois que quelqu'un fait tomber une bouteille, renverse un verre ou glisse, les autres lui disent : « Samouraï ! » et celui qui est l'objet de la remarque rougit de dépit parce qu'il s'est fait prendre. On joue à cela parce qu'au fond, un samouraï ne commet pas d'erreur. Il ne peut ni trébucher ni casser un verre.

Il faut garder son attention toujours en alerte si l'on veut être un vrai mystique.

À une époque, je suis allé voir Oscar Ichazo, le créateur de l'Arica Training. Comme je devais jouer le rôle d'un maître dans le film *La Montagne sacrée*, je voulais qu'il m'apprenne à en interpréter un. Il est venu chez moi pour m'initier. Nous nous sommes installés dans ma bibliothèque. Nous étions seuls. Il m'a montré une poudre rouge, me précisant que c'était du L.S.D., puis il a préparé une cigarette de marijuana. J'avais quarante ans et je n'avais jamais pris ni l'un ni l'autre. Il m'a dit :

« Je vais t'initier. Ceci est la base. »

Il a dilué le L.S.D. dans du jus d'orange et m'a invité à le boire. Je l'ai pris en lui disant :

« Pour mon travail, j'ai absolument besoin de garder les idées claires, alors j'espère que tu ne vas pas me faire exploser la tête ! ? !

– Mais non. Fais-moi confiance ! »

Au bout d'une demi-heure, il m'a conseillé de fumer la cigarette de marijuana pour accélérer les effets du L.S.D. Je l'ai fumée et le résultat ne s'est pas fait attendre. J'ai tout de suite commencé à en ressentir les effets... je voyais de belles choses. Par la fenêtre, je voyais du Van Gogh, puis du Rubens. C'était vraiment magnifique. J'étais ému, car c'était la première fois que j'avais des hallucinations. J'étais conscient de leur nature. J'ai dit à Oscar Ichazo :

« Ce que tu me fais faire là ne vaut pas grand-chose.

— Ah oui ? Pourquoi dis-tu cela ?

— Si un voleur ou un criminel se pointe maintenant, je serai incapable de me défendre. »

Il m'a aussitôt donné l'ordre de sortir de mon état pour éviter que je ne m'angoisse. Pourtant, je n'étais pas du tout angoissé. J'étais simplement en train de juger la méthode et, en même temps, j'étais en plein paradis. Cependant, je trouvais que ce paradis n'était pas bon, car je n'avais plus les moyens de me défendre en cas de besoin.

Un maître zen éveillé se défend. Il réagit au moindre danger. Si quelque chose tombe au-dessus de lui, il saute de côté pour se protéger. Il garde son instinct de conservation intact et alerte, car la vie est sacrée et la défendre l'est tout autant.

Lorsque tu perds les moyens de défendre ta vie, tu suis un mauvais chemin. Cette idée est complètement zen.

Les disciples de Ramakrishna diront peut-être que

je me trompe, n'empêche que lorsque ce dernier tombait en transe pendant six mois, il fallait le nourrir à la petite cuillère. À quoi cela lui servait-il d'être en transe ?... À quelque chose peut-être, mais à moi, cela ne m'a rien apporté.

Je ne voudrais pas rester en transe pendant six mois parce que j'ai une famille à nourrir. Il est vrai que si je suis un parasite de mes disciples, je peux le faire, mais cela sous-entend que pendant ce temps, ils doivent travailler pour moi.

Le rêve

Le fils de Mulla Nasrudin vint voir son père et lui dit :

« Cette nuit, j'ai rêvé que tu me donnais cent afghanis.

— Eh bien, dit le Mulla, comme tu es un enfant sage, ces cent afghanis que je t'ai donnés en rêve, je ne vais pas te demander de me les rendre. Tu peux les garder et t'acheter ce qui te fera plaisir. »

Mulla Nasrudin enseigne, comme un bon maître, qu'il faut savoir distinguer l'illusion de la réalité.

Si tu rêves que je suis quelque chose d'important pour toi, je ne vais pas te décevoir. Profite de ton rêve mais sache que cela n'a rien à voir avec moi ! Toutefois, si tu as des illusions, prends conscience de leur nature.

Le Mulla dit à son fils : « Si tu crois à l'existence de cette illusion, vis-la ! Voyons ce que tu peux en tirer et ce que tu peux acheter avec ! » Il provoque un choc en lui et l'enfant se rend compte du caractère illusoire de son rêve.

Au fond, le Mulla est en train de lui dire : « La vérité que tu cherches, cherche-la en toi ! Comment vas-tu t'y prendre ? Élimine tes rêves ! Cela suffit ! »

« Cet homme ne t'aime pas ! C'est fini ! Arrête de rêver ! »

« Cette femme ne t'aime pas ! Arrête de lui demander une commisération quelconque : tu es aveugle ! Elle n'a rien à te donner ! C'est fini ! Vis, maintenant ! »

Une petite vérité vaut toujours mieux qu'un très gros mensonge.

Imagine que tu as été marié pendant cinquante ans, et qu'à ta mort ton conjoint vient cracher sur ta tombe. Avant, on te sourit en attendant ton héritage et ensuite, on te met dans un coin du caveau familial. Tu ne signifies plus rien. C'est terrible d'avoir vécu un rêve insensé et de n'avoir jamais affronté la réalité.

La soupe de canard

Un jour, un paysan des environs vint rendre visite à Nasrudin, attiré par sa grande réputation et voulant voir de près l'homme le plus illustre du pays. Il lui fit présent d'un magnifique canard. Mulla Nasrudin, très honoré, retint l'homme à dîner et à dormir. Au matin, le paysan s'en retourna dans sa campagne, ravi des quelques heures qu'il venait de passer chez un personnage aussi important.

Quelques jours plus tard, les enfants de ce paysan vinrent à la ville et à leur tour se présentèrent chez Nasrudin :

« Nous sommes les fils de l'homme qui t'a offert un canard. »

Ils furent bien reçus et bien traités. Ils repartirent très heureux. Une semaine plus tard, deux jeunes gens vinrent, à leur tour, frapper à la porte de Nasrudin.

« Qui êtes-vous ?

— Nous sommes les voisins de l'homme qui t'a apporté un canard. »

Le Mulla commençait à regretter d'avoir accepté, un

jour, un présent aussi encombrant que ce canard. Il fit cependant contre mauvaise fortune bon cœur et invita ses hôtes à déjeuner.

Huit jours plus tard, toute une famille avec parents et enfants demanda l'hospitalité au Mulla.

« Qui êtes-vous donc ? demanda le Mulla, effrayé et irrité par cette invasion.

— Nous sommes les voisins des voisins de l'homme qui t'a offert le canard. »

Le Mulla fit alors mine de se réjouir. Il fit entrer tout ce monde, l'installa dans la salle à manger et, au bout de quelque temps, apporta une énorme soupière remplie d'eau bouillie. Il servit consciencieusement un bol de ce liquide à chacun des convives. Et comme l'un d'eux, exprimant l'étonnement général, lui demandait :

« Qu'est donc ceci, noble seigneur Mulla ? Par Allah, jamais on n'a vu pareille soupe !

— Ceci est le bouillon du bouillon du bouillon du canard pour vous, les voisins des voisins de l'homme qui a apporté ce maudit canard », lui répondit-il calmement.

Le voisin du voisin du voisin qui vient manger le bouillon du bouillon du bouillon. Cette histoire est très connue dans les milieux populaires du Moyen-Orient. Elle me fait penser à la sagesse initiatique.

À un moment donné, il y a une vérité. Ensuite, des personnes cherchent à la connaître, mais reçoivent la version de la version de la version de la vérité. Et, au fond, elles n'héritent de rien.

Certaines vérités sont le bouillon dans lequel il n'y a plus de canard.

L'âne perdu

Le Mulla avait perdu son âne. Il s'en alla alors à travers le bazar, priant chacun de l'aider à le retrouver. À celui qui retrouverait l'animal, il promettait d'offrir non seulement l'âne lui-même, mais aussi son bât et tout son harnachement. On lui demanda alors pourquoi il se donnait tant de mal pour retrouver son âne et l'offrir ensuite en récompense...

« Mais, expliqua-t-il, vous ne connaissez donc pas le plaisir que l'on éprouve en retrouvant quelque chose que l'on avait perdu ? »

Je cherche mon être essentiel, mon dieu intérieur, parce que je l'ai perdu. Quelque part, notre civilisation l'a perdu. (Si vous n'aimez pas le nom de dieu intérieur, vous pouvez dire l'âme, l'inconscient, la nature intérieure, l'essence, ce que vous voulez.) J'ai lutté toute ma vie pour le retrouver. Je savais que, quelque part, il y avait quelque chose, une lumière en moi. Lorsque je le découvre, j'ai le plaisir d'avoir retrouvé ce que je savais posséder ; alors, il me faut le donner et me dissoudre dans le monde.

Tout le travail spirituel nous mène au don de soi. Il n'y a pas un être réalisé qui ne se soit pas donné au monde, à l'Univers.

Aimer, c'est obtenir pour partager. Quand j'aime, je cherche l'amour. Quand je le trouve, je le partage tout de suite. Je ne le partage pas seulement avec mon partenaire, mais aussi avec sa famille, avec la famille que nous formons ensemble, avec les amis.

L'amour non partagé n'existe pas. C'est une névrose, un égoïsme, une folie. Je cherche l'amour à deux pour le partager et être alors une lumière dans le monde.

Je voulais simplement former un couple, et voilà que je me suis retrouvé avec cinq enfants. Quelle surprise d'avoir et d'être une famille ! Je ne m'en repens pas, car chaque enfant qui est venu m'a un peu plus ouvert le cœur, m'a conduit au travail et à l'angoisse, au psychodrame de pardonner à mes parents, etc. Il m'a conduit à découvrir l'amour et à les aimer tous.

Chaque être qui apparaît dans notre vie est une bénédiction. Un chat, une plante, un ami, tout ! Un collaborateur, un employé, un maître... quelle joie !

Le Mulla fait les commissions

La femme de Nasrudin demanda à son mari d'aller lui acheter une douzaine d'épingles. Mulla prit son âne pour porter la charge. Il acheta la douzaine d'épingles et les piqua sur la selle. Le voyant revenir, sa femme, éberluée, lui dit :

« Pourquoi as-tu emmené l'âne pour porter douze épingles ? À quoi sert ta djellaba ? Tu aurais pu les épingler dessus ! »

Le lendemain, elle lui demanda :

« Va m'acheter des bûches pour faire du feu ! »

Mulla partit aussitôt en chercher. Quelque temps plus tard, il revint avec les morceaux de bois piqués dans sa djellaba, transformée en loque. Furieuse, sa femme s'exclama :

« Mais qu'est-ce qui t'a pris ? Regarde dans quel état est ton vêtement ! Pourquoi as-tu fait une chose pareille ?

— Ne m'as-tu pas dit que ma djellaba servait à porter les commissions ? J'ai suivi ton conseil. »

Cette histoire me fait penser à la façon dont on comprend une vérité ou un conseil.

De temps en temps, lorsque les gens viennent me demander des conseils, je leur propose des actes de psychomagie[1]. Je ne le fais jamais sans les avoir fait parler de leur vie et de leur arbre généalogique. Ce n'est qu'à partir du moment où j'ai une bonne perception de leurs difficultés et du terrain sur lequel elles se présentent que je leur donne un acte conscient à faire.

Une personne m'a écouté conseiller des actes de psychomagie à plusieurs reprises. Comme elle s'est installée en tant que thérapeute et qu'elle a peu d'imagination, elle a fait une liste de conseils types qu'elle applique sans discernement. Par exemple, elle conseille à toutes les femmes qui la consultent d'envoyer une grande paire de ciseaux à leur mère pour couper le cordon ombilical qui les lie. Ou encore, elle recommande à tous ses clients d'acheter une poupée, de la charger de leurs pensées négatives puis de la jeter aux ordures. Ses conseils ne prennent pas en compte la particularité de chacun. Ils sont standardisés et ne donnent aucun résultat, car lorsqu'un conseil est valable pour une personne, il ne l'est pas

---

1. La psychomagie est une pratique thérapeutique inventée par Alexandro Jodorowsky (inspirée des pratiques chamaniques primitives) qui utilise le langage symbolique du rêve pour répondre à un problème précis. L'intéressé, conscient de la nature « surréaliste » de ses faits et gestes, s'y prête néanmoins, sachant que cela agira sur son inconscient.

systématiquement pour tout le monde. On ne peut pas ouvrir un Monoprix de la psychomagie.

Voici une autre histoire qui parle de la façon dont on comprend un conseil ou une vérité.

La place de la vérité

Un savant dit à Mulla Nasrudin :

« Si tu rencontres la vérité, prends-la et jette-la au fond du puits ! »

Plus tard, dans la rue, le Mulla rencontre une aveugle qui lui demande de l'aider à traverser.

« Comment vous appelez-vous, madame ? s'enquiert le Mulla.

— Je m'appelle Vérité », répond celle-ci.

Aussitôt, Nasrudin la prend et la jette au fond d'un puits.

Nasrudin a pris les paroles du savant au pied de la lettre.

Cette histoire illustre parfaitement le fait qu'une vérité n'est pas immuable. Sa véracité dépend de la personne à qui elle s'adresse, de celle qui l'énonce, du lieu et de l'époque où elle est énoncée ainsi que de bien d'autres conditions. Autrement dit, une vérité valable « ici et maintenant » sera peut-être complètement erronée « ailleurs et demain ».

De même, un acte de psychomagie produit des effets et ne peut être identique pour tout le monde.

Les armes du Mulla

Mulla Nasrudin partait pour un voyage lointain, aussi s'était-il muni d'un cimeterre et d'une lance. En chemin, un bandit armé d'un simple bâton se jeta sur lui et le Mulla se retrouva tout nu. Quand il parvint à la ville, il raconta sa mésaventure à ses amis qui lui demandèrent comment il se faisait qu'équipé d'un cimeterre et d'une lance il n'ait pu avoir raison d'un voleur armé d'un simple bâton.

« Le problème, expliqua Nasrudin, est précisément que j'avais les deux mains prises, l'une par le cimeterre et l'autre par la lance. Comment vouliez-vous que je m'en sorte ? »

L'interprétation de cette histoire est évidente lorsqu'on connaît celle du grammairien.

Le grammairien

Mulla Nasrudin est un passeur. Un jour, l'homme qu'il transporte dans sa barque est un grammairien. En cours de route, ce dernier lui demande :

« Connaissez-vous la grammaire ?

— Non, pas du tout, répond le Mulla sans hésitation.

— Eh bien, permettez-moi de vous dire que vous avez perdu la moitié de votre vie ! » réplique avec dédain le savant.

Un peu plus tard, le vent se met à souffler et la barque est engloutie par les flots. Juste avant de sombrer, le Mulla demande à son passager :

« Savez-vous nager ?

— Non ! répond ce dernier terrifié.

— Eh bien, permettez-moi de vous dire que vous pouvez considérer toute votre vie comme perdue ! »

Cette deuxième histoire a un rapport direct avec la première. Elle nous dit : « À quoi cela sert-il d'avoir une connaissance si on ne sait pas l'appliquer à la réalité ? » Autrement dit, à quoi bon s'armer d'un savoir inutile ?

Il y a des personnes qui connaissent le Kama-sutra par cœur, mais qui sont incapables de satisfaire leur partenaire. Ils ont beau tout connaître sur le bout des doigts, lorsque arrive la phase pratique, ils sont vaincus par le premier gars qui ne possède qu'un « bâton » mais qui sait l'utiliser.

Après avoir lu ces histoires, je me suis dit : Que sais-je ? Quelles sont les techniques que je possède ? De quoi est-ce que je parle ? Faut-il s'instruire ? Oui, c'est important, cependant, il faut savoir à quoi sert la connaissance qu'on acquiert et jeter celle qui est inutile. Je préfère utiliser ma connaissance pour développer une technique personnelle, que je connais bien et que j'applique à la réalité, plutôt que de collectionner des milliers de connaissances que je n'appliquerai jamais. À quoi servent toutes les théories sur la sexualité, l'amour, le bien, la prière, si ne je les applique pas ? Cela revient à se cacher derrière ce savoir pour ne rien faire.

Rien ne vaut l'expérience

Le Mulla tomba d'une échelle et se fit très mal. Malgré les emplâtres et les potions, il souffrait terriblement. Ses amis vinrent le consoler :

« Cela aurait pu être pire ! dit l'un.

— Après tout, tu ne t'es rien cassé, dit l'autre.

— Tu seras vite remis », dit le troisième...

Au comble de la douleur, Nasrudin hurla :

« Sortez tous ! Quittez cette chambre sur-le-champ ! Mère, ne laisse plus entrer personne à moins qu'il ne soit déjà tombé d'une échelle ! »

La théorie ne remplace pas l'expérience. Pour comprendre l'autre, il faut pouvoir se mettre à sa place. Si une personne n'a jamais souffert, comment peut-elle se mettre à la place de celles qui souffrent ?

Les gourous qui sont parfaits depuis trois mille réincarnations ne sont pas aptes à aider les autres, car ils ne connaissent pas la douleur humaine.

Dans le même ordre d'idées, un thérapeute homme ne peut pas comprendre et conseiller une femme s'il n'a pas vécu profondément en lui-même la nature féminine, s'il ne s'est pas imaginé avec un vagin, un utérus, des ovaires, des menstruations. De même, une femme qui ne s'est jamais imaginée avec un sexe masculin, du sperme et des érections ne peut pas comprendre un homme.

C'est en faisant des méditations sur ce thème que la femme se construira un homme à l'intérieur d'elle-même et l'homme une femme, ce qui leur permettra ensuite de vraiment communiquer en connaissance de cause.

Saïd Baba est un gourou hindou qui est homme six mois de l'année et femme les six autres mois. Il apparaît devant ses disciples travesti en femme et personne ne s'en étonne. Selon l'époque, on dit de lui qu'il est en train de vivre sa *shakti* ou son *çiva*, son *yin* ou son *yang*. Il les crée en lui.

Un poids en moins

Un jour, Mulla Nasrudin alla chercher du bois dans la forêt. Il mit les fagots sur son dos, monta à califourchon sur son âne et prit le chemin de sa demeure. Les gens qui le croisèrent en route se moquèrent de lui :

« Pourquoi portes-tu les fagots sur ton dos au lieu de les charger sur ton âne ?

— Hommes de peu de foi, non seulement cette pauvre bête me supporte, mais vous voudriez encore que je la charge d'un poids supplémentaire ? C'est pour ne pas l'alourdir que je porte les fagots sur mon dos ! »

Si l'âne symbolise le corps, le bois un problème et Mulla l'intellect, on pourrait dire qu'il existe des personnes qui croient se débarrasser du poids d'un problème en le comprenant, c'est-à-dire en l'intellectualisant.

« J'ai tout compris ! » disent-elles, mais en fait elles n'ont rien réalisé. Elles portent toujours le problème. Elles ne se sont défaites de rien parce qu'elles se trompent elles-mêmes. Elles jouent à celles qui ont tout compris, à être exemplaires, mais elles n'ont rien résolu.

Tous des ânes, sauf moi !

*Le Mulla s'en était allé acheter un âne. La foire aux
ânes battait son plein parmi la foule des paysans. Au
milieu de ce tumulte, il entendit un quidam affirmer
qu'il n'y avait là que des ânes et des paysans. Rien
d'autre.*

« Es-tu paysan toi-même ? lui demanda le Mulla.

— Moi ? Non...

— Alors, ne m'en dis pas plus ! » ironisa Nasrudin.

Certaines personnes jugent le monde comme si
elles n'en faisaient pas partie. Ce sont des outsiders.
Elles disent : « Le monde n'est pas moi. Je le juge.
Je ne lui appartiens pas. » Pourtant, comment ne pas
en faire partie ? Tout ce qui arrive dans le monde
nous concerne. On ne peut pas dire qu'il n'est fait
que de paysans et d'ânes.

Si je suis concerné par tout ce qui se passe dans
le monde, il va falloir que j'apprenne à manier les
informations que je reçois et que je sache faire le tri
entre le vrai et le faux.

Les journaux se sont emparés du problème de l'ozone ainsi que d'autres problèmes de la planète en publiant des articles alarmistes dans lesquels toutes les informations ne sont pas justes. Il est bon de faire prendre conscience des problèmes aux gens afin qu'ils agissent et que des mesures soient prises pour dépolluer réellement notre planète, mais il est regrettable de faire dans le sensationnalisme angoissant dans le seul but d'augmenter un tirage. C'est un commerce juteux qui joue avec notre peur et ne propose aucune solution.

À propos de solutions, nous devrions tous exiger qu'il n'existe plus que du carburant sans plomb. En Allemagne, cette essence est moins chère que les autres alors qu'en France, chaque litre coûte plus cher que les autres carburants. Chaque fois que nous faisons le plein, nous sommes pénalisés alors que nous contribuons à nettoyer l'atmosphère !!! Ne serait-il pas plus logique que cette essence soit moins chère, comme en Allemagne ?

Pourquoi empoisonner l'atmosphère et agresser le monde par l'intermédiaire de sa voiture ? Ceux qui refusent l'essence sans plomb participent à l'asphyxie du monde parce qu'ils s'imaginent ne pas en faire partie. Ils disent :

« Le monde n'est pas moi, qu'il crève !

— D'accord, qu'il crève. Mais vos enfants vont en souffrir et vos parents aussi... »

L'âne égaré

Nasrudin a perdu son âne. Il s'est sans doute égaré dans les collines avoisinantes, mais au lieu d'aller l'y chercher, le Mulla parcourt les rues de la ville en criant :

« Loué soit Allah ! Loué soit Allah ! »

Les gens, sachant combien Nasrudin est attaché à son âne et quel danger les bandes de loups peuvent faire courir à l'animal, ne manquent pas de s'étonner :

« Comment se fait-il, Nasrudin, que tu rendes grâce à Allah pour la perte de ton âne ? Ne vaudrait-il pas mieux implorer son aide ?

— Décidément, vous ne comprenez rien. Je rends grâce à Allah de ne pas avoir été sur le dos de mon âne quand il s'est égaré. »

Dans le même ordre de choses, voici une autre histoire dont on peut faire une interprétation similaire.

Le manteau de Mulla

En descendant de la terrasse de sa maison, où il vient de faire la sieste, Nasrudin rate une marche d'escalier et roule jusqu'en bas.

« Que se passe-t-il ? lui crie sa femme qui, de la cuisine, a entendu le bruit de sa chute.

— Rien d'important, répond Nasrudin en se relevant tant bien que mal. C'est mon manteau qui est tombé dans l'escalier.

— Ton manteau ? !... Mais ce bruit ?

— Le bruit, c'est parce que j'étais dedans. »

Je fais un parallèle entre l'âne et le manteau. Dans la première histoire, le Mulla a perdu son âne et il remercie Dieu de ne pas avoir été dessus. Dans la deuxième, ce n'est pas lui qui tombe, mais le manteau dans lequel il se trouve.

Nasrudin opère en quelque sorte une dissociation avec une partie de lui-même. Ce pourrait être avec son animalité (supposons le manteau en fourrure). C'est l'âne ou le manteau qui agissent, non lui.

Comme s'il y avait une dissociation entre mes actions, je ne dirai pas primitives mais naturelles, et moi en tant que spectateur de moi-même. Dissociation qui se concrétise lorsque je dis :

« J'ai fait cela mais ce n'est pas moi. »

« Je me suis saoulé hier soir, mais ce n'était pas moi. C'était accidentel. Je ne l'ai jamais voulu. »

« J'ai fait une mauvaise action, une action destructrice, mais je ne m'en sens pas responsable. J'étais entraîné. C'était plus fort que moi. »

« Je fais mes besoins mais cela ne me correspond pas. Moi, je suis un être extrêmement spirituel et jamais je ne pourrais faire pareille chose. C'est une partie de moi qui le fait. »

Comme ce gourou, à New York, qui a mis enceintes quatre de ses disciples en même temps, alors qu'il prêchait l'abstinence.

Chaud devant

*Le Mulla faisait chauffer du miel sur le feu lors-
qu'un ami arriva à l'improviste. Quand le miel se
mit à bouillir, le Mulla en proposa à son visiteur.
Il lui en servit un bol très chaud auquel l'autre se
brûla. Le Mulla prit alors un éventail et l'agita au-
dessus du pot, toujours posé sur le feu, afin de refroidir le miel.*

Psychologiquement, il en va de même pour
chacun d'entre nous. Notre miel bout, il nous
brûle. Nous disons qu'il faut qu'il refroidisse mais
nous ne le retirons pas du feu. Nous ne changeons
pas.

Quelqu'un vient te voir : « Je souffre, aide-moi !
Je n'en peux plus ! »

Tu vois que l'alcoolisme menace cette personne.
Il est évident qu'elle doit s'arrêter de boire mais pour
cela il faut qu'elle s'ôte du feu totalement. Mais non,
on veut continuer à penser, à communiquer, à

aimer, à faire tout ce que l'on fait d'habitude.
L'unique chose que l'on désire, c'est cesser de boire.
Mais comment ? Comment peux-tu aider quelqu'un
qui s'obstine dans la même voie ?

À propos d'une couverture

Une nuit, alors qu'il dormait, le Mulla eut froid et se réveilla. Le temps était exécrable. Il pleuvait, il grêlait et, entre deux grondements du tonnerre, il entendit le bruit d'une dispute près de sa maison.

Poussé par la curiosité, il quitta son lit, se couvrit de sa couverture de laine et sortit pour comprendre la cause de ce vacarme. Il aperçut alors une bande de voleurs qui, dès qu'ils le virent, sautèrent sur lui, prirent sa couverture et se sauvèrent.

Grelottant de froid et de peur, il rentra chez lui, ferma la porte et alla rejoindre sa femme dans le lit.

« Pourquoi tout ce bruit ? lui demanda-t-elle. Et quelle était la raison de cette querelle ? »

Nasrudin répondit sur un ton dégagé :

« C'était une bande de voyous qui se disputaient ma couverture. Dès qu'ils l'ont prise, ils se sont réconciliés et ont poursuivi tranquillement leur chemin. »

C'est de cette façon que Nasrudin explique le vol. C'est aussi de cette façon qu'il se trompe lui-même.

Il change la réalité pour se justifier. Il ne veut pas regarder ses problèmes en face. Il refuse aussi de savoir que sa femme les connaît.

Quand on refuse de se montrer tel que l'on est, on ne vit jamais sa vérité.

Un couple qui s'aime se voit dans toute sa vérité. Parfois, je rencontre des couples qui vivent dans un mensonge continuel, car les deux jouent un personnage. Ils ne se montrent jamais tels qu'ils sont réellement. Une relation amoureuse vraie implique le don de soi.

Ni oui ni non !

On traduit Mulla Nasrudin en justice parce que sa femme l'accuse de l'avoir battue. Avant de comparaître devant le juge, il prépare ses réponses. Il se dit :

« Si le juge me demande si je l'ai battue, je répondrai non et s'il me demande si je ne l'ai pas battue, je dirai oui. Facile ! »

Au tribunal, le juge s'adresse à lui :

« Mulla, avez-vous cessé de battre votre femme ? »

Mulla, surpris, bafouille alors :

« Nouinn ! »

Parfois, il faut savoir répondre « nouinn ». Si on te demande : « Est-ce que tu m'aimes ? », un « nouinn ! » serait plus judicieux. Tu ne peux pas savoir si tu aimes. Comme disait Lacan : « haine-amour ». Dans l'amour, il y a aussi une grande partie de haine.

Il est préférable de répondre « nouinn » dans beaucoup de situations, rester flou, ne pas se laisser enfermer intellectuellement.

La bougie dans le noir

Nasrudin conversait tranquillement avec un ami dans la demeure de celui-ci lorsqu'ils furent surpris par la nuit.

« Il fait noir, dit l'ami, on ne voit plus grand-chose. Allume une bougie ! Il y en a justement une sur ta gauche.

— Comment pourrais-je distinguer ma droite de ma gauche dans le noir ? » répliqua le Mulla.

Mulla Nasrudin ne se connaît pas. Ses relations extérieures lui renvoient une « identité », une image de lui-même fausse. Lorsqu'il est en train de parler en plein jour, il fait du verbiage pour se faire valoir dans le relationnel ; il est dans le paraître. Il n'est pas réellement en train de se vivre.

C'est comme ces personnes qui parlent de Dieu à longueur de temps mais qui, une fois chez elles, l'oublient complètement. Elles ne prient jamais. (Les soufis parlent d'une prière publique et d'une autre, secrète. Pour eux, si l'on ne prie pas dans le secret, le faire en public est vain.)

On se demande d'ailleurs si ces grands saints qui se promènent dans le monde en faisant des conférences partout prient en secret. Leur discours a-t-il une existence réelle dans leur propre cœur ?

Lorsque vous me lisez, je suis totalement positif, mais le suis-je vraiment en dehors de mon discours ? C'est à moi de le dire. Ce que je dis est-il vrai pour moi ? Si ce n'est pas le cas, je ne trouverai pas la bougie dans l'obscurité.

Au fond, la bougie de l'histoire, c'est ma sagesse, ma lampe, mon dieu intérieur, la réalité, mon être essentiel, pas mon paraître. Si je vis dans le paraître, lorsque je suis hors de la présence de l'autre, je ne sais pas où sont ma gauche et ma droite ; je ne sais pas qui je suis.

Déménagement improvisé

Un voleur s'introduisit dans la maison de Mulla Nasrudin. Dès que ce dernier l'aperçut, il se cacha dans un coin. Le voleur emporta tout. Le Mulla assista à l'opération, suivit le malfaiteur jusque chez lui et l'aborda poliment :

« Merci à toi, étranger, d'avoir bien voulu déménager mes effets et mes meubles, lui dit-il. Tu leur as fait quitter mon sordide logement où je croupissais avec ma famille. Maintenant, nous allons pouvoir vivre ici. Je vais de ce pas chercher ma femme et mes enfants afin qu'ils profitent sans plus tarder de ta généreuse hospitalité ! »

Le voleur, angoissé à l'idée d'hériter de tout ce monde, lui rendit tout de suite son bien :

« Reprends tout, cria-t-il, et garde pour toi seul ta famille et tes problèmes ! »

Ce genre de situation arrive lorsque l'on étudie avec certains gourous, professeurs, ou thérapeutes.

Il existe des personnes, j'en ai connu plusieurs, qui entrent en contact avec un maître pour lui voler sa connaissance. (Je parle là de faux maîtres. Ce que j'appelle des « centimaîtres ».) Ils s'introduisent donc chez un « centimaître », mais, alors qu'ils pensent lui voler sa connaissance, ils volent le maître avec et ce dernier finit par s'installer chez eux et par prendre leur maîtresse, leur femme, leurs enfants...

Ce type de maître prend tout. Il s'installe chez le disciple jusqu'à l'étouffement de celui-ci.

À Genève, une femme m'a confié son secret. Chaque fois que ses parents sortaient le soir, son frère, qui était plus âgé (il avait treize ou quatorze ans et elle dix), la violait. Cela la blessait profondément, mais comme les parents n'étaient pas du tout affectueux avec elle, c'était l'unique « marque d'affection » qu'elle pouvait recevoir. Grâce à un ami, elle est allée chez un psychanalyste beaucoup plus âgé qu'elle. Et qu'a fait le psychanalyste ? Il l'a violée. J'ai commencé à poser des questions pour savoir de quelle façon cela s'était passé. Disons qu'elle n'était pas d'accord, mais qu'elle n'a rien fait pour l'en dissuader. Elle m'a demandé si elle devait le quitter. Je lui ai répondu :

« Cela dépend. Là, tu répètes exactement ton secret et la situation que tu as vécue avec ton frère. »

Elle a ajouté :

« Il vient de payer mes impôts : sept mille francs suisses.

— Ah ! Tu as contracté une dette, là !

– Ma voiture aussi... c'est lui qui l'a payée.

– Ah oui ! Tu as une autre petite dette !

– Et cela va faire deux ans qu'il paye le loyer de mon appartement.

– Ah, je comprends ! Quel méchant type !...

– Il est marié. »

De toute façon, le maître s'installe dans la vie du disciple avec ses limites et ses manques. La seule façon de sortir de cette situation, c'est de lui rendre son bien en lui disant :

« Tiens, reprends ta voiture, tes sept mille francs et tes deux ans de loyer ! Ma dette est soldée. Je reprends ma vie. Je mesure que je suis en train de répéter un attachement enfantin et j'arrête.

– Mais où vais-je trouver une telle somme pour le rembourser ?

– Travaille ! Tu as vécu sur le dos du maître... maintenant travaille ! »

Le verre de lait

Mulla Nasrudin se rend chez le laitier avec un petit verre :

« Versez-moi un litre de lait de vache dans ce verre !

— Mais je ne peux pas vous donner un litre de lait de vache là-dedans !!! s'exclame le laitier ahuri.

— Eh bien, dans ce cas, je prendrai un litre de lait de brebis ! »

Cette histoire m'a été contée par quelqu'un qui l'interprétait en faisant le commentaire suivant : « Il ne faut pas demander à la réalité plus que ce que le petit verre peut contenir. Moi, je peux contenir une certaine quantité et pas plus ! »

Cette histoire m'en rappelle une autre que voici. Elle a de quoi rendre perplexe, mais peut être comprise à la lumière de la précédente.

L'homme le plus stupide du monde

Il était une fois deux frères. L'un d'eux avait toujours de la chance, contrairement à l'autre. Celui qui en était dépourvu, fort misérable, s'en alla un jour rendre visite à l'autre, qui demeurait dans un palais. À la porte, il vit un gnome bleu :

« Qui es-tu ? lui demanda-t-il.

— Je suis la chance de ton frère, répondit le petit être.

— Veux-tu te mettre à mon service ? implora le malchanceux.

— Cela m'est impossible, répliqua le gnome bleu. Je suis la chance de ton frère et en aucun cas ne puis être la tienne.

— Et où se trouve la mienne ? questionna le jeune homme.

— C'est un petit gnome vert qui vit au sommet de cette montagne. Va le chercher ! Il dort. Tu peux le réveiller, si tu le veux.

— J'y cours ! » répliqua le malchanceux, tout excité à l'idée d'avoir enfin de la chance.

Il entreprit alors de gravir la montagne, mais au détour d'un énorme roc, il tomba nez à nez avec un lion menaçant. Le malheureux dit à l'animal d'un voix suppliante :

« Petit lion, ne m'agresse pas tout de suite ! Je vais réveiller ma chance. Pose-moi la question que tu veux et elle te répondra car elle est pleine de sagesse.

— Bien, je te laisse passer, répliqua le lion. De toute façon, tu es obligé de revenir par ici. Voici ma question. Demande à ta chance pourquoi j'ai tout le temps faim et quand ma faim sera assouvie. »

Notre bonhomme se remit en chemin et trouva au sommet de la montagne son gnome vert endormi. L'ayant réveillé, il lui dit :

« Attends ! Avant que tu me dises quoi que ce soit, il faut que j'aille parler avec le lion. Réponds-moi ! Quand arrêtera-t-il d'avoir faim ?

— Il arrêtera d'avoir faim quand il mangera le cerveau de l'homme le plus stupide du monde », répondit le gnome.

Le jeune homme, quittant là sa chance, redescendit voir le félin.

« J'ai la réponse ! s'exclama-t-il. Quand tu mangeras le cerveau de l'homme le plus stupide du monde, tu seras enfin rassasié.

— Très bien ! Je vais te dévorer, car c'est de toi qu'il s'agit ! » dit le lion en se jetant sur lui, n'en faisant qu'une bouchée.

Nous nous trouvons là en face d'un jeune homme jaloux de son frère : il lui envie sa chance.

Mais comme le dit le gnome bleu, à chacun la sienne.

Dans son cas, sa chance ne lui a été d'aucune utilité. Il était trop stupide pour en profiter. Un être stupide ne devrait pas tenter d'avoir ce dont un autre jouit. Il vaut mieux qu'il s'adapte à ce qu'il possède lui-même. S'il se compare, il peut être détruit, tandis que s'il accepte son sort, il peut très bien s'en sortir.

Si quelqu'un reçoit un prix et pas moi, je ne m'en formalise pas. À chacun sa chance ! Si quelqu'un a du succès et pas moi, *idem*.

Un étron sacré

Un jour, un commerçant entra dans un village avec sa caravane. Au moment où il passa devant le temple, son ventre le fit tellement souffrir qu'il ne put se retenir et fit ses besoins juste devant la porte. Pris sur le fait, on l'amena devant le Mulla, juge des lieux, pour qu'il soit traduit en justice.

Le Mulla lui demanda :

« Aviez-vous l'intention de nous insulter ?

— Pas du tout ! Je n'ai pas pu faire autrement.

— Bien ! Préférez-vous un châtiment corporel ou une amende ?

— Je préfère une amende !

— Parfait. Vous devrez donc payer à la cour une pièce d'or d'un denier. »

Le marchand fouilla dans ses poches et en sortit une pièce. Il dit à Mulla Nasrudin :

« J'ai une pièce de deux deniers. Coupez-la en deux et gardez-en une moitié. »

Mulla Nasrudin prit la pièce, l'examina et répondit au commerçant :

« Non, cette pièce ne doit pas être coupée. Je la garde et, demain, vous aurez le droit de déféquer une nouvelle fois devant le temple. »

Je pense que Mulla Nasrudin représente là un de ces faux maîtres qui, au fond, ne voient dans le sacré que ce qu'ils peuvent en tirer.

Je demande toujours à ceux qui entrent dans une école « spirituelle » : « À combien te revient ton illumination ? » Parfois, cela coûte cher, d'autres fois moins. Il y a un prix. Il faut quand même être juste. Pour l'illumination, un denier, c'est bien, mais deux, c'est peut-être un peu trop. Peut-être que, dans ce cas, ce qu'attend le maître, c'est non pas ton illumination mais plutôt ton denier. Il faut faire attention aux écoles dans lesquelles on entre, car il s'agit parfois de grands magasins-braderies.

Un œuf problématique

Mulla Nasrudin se promène avec son fils. Ils aperçoivent un œuf sur le sol. L'enfant demande :

« Papa, comment les oiseaux rentrent-ils dans l'œuf ? »

Le Mulla, suffoqué, répond :

« Je me suis demandé toute ma vie comment les oiseaux sortaient de l'œuf et, maintenant, toi, tu me poses un problème de plus !

En général, on se demande : « Comment vais-je sortir de mes problèmes, de mes limites, de mes angoisses ? Peut-être la solution consisterait-elle à se demander comment on y est entré.

Le maître dit : « Dis-moi d'où tu viens, je te dirai où tu vas ! »

Comment suis-je entré dans ce problème pour pouvoir en sortir ?

Un maître dit à ses disciples : « Imaginez que vous êtes enfermés dans un bloc de pierre de six tonnes ! Comment faites-vous pour en sortir ? »

Beaucoup d'élèves trouvent des solutions incroyables comme, par exemple, en le perforant, en le dynamitant, en se projetant dans un voyage astral à l'extérieur. Un « idiot » répond : « Comme ça » et il fait un pas en avant comme pour simuler qu'au fond le bloc n'existe pas.

Le bloc de pierre est mental, inventé. Pour sortir d'un bloc inventé, on fait un pas en avant.

L'angoisse et les fantasmes que tu portes ne sont pas réels. Ce sont des illusions. Quand on arrive à la paix de « l'idiot », il ne peut plus y avoir de bloc.

La paix de « l'idiot sacré », c'est la paix du Mat du Tarot de Marseille. Il porte toute sa richesse dans son baluchon. Il est essentiellement riche et toujours accompagné. On peut aussi voir ce même personnage complètement pauvre et toujours mordu. Au choix !

Soit il avancera, soit il tournera autour du bâton.

Veux-tu tourner autour du bâton, être mordu aux fesses et porter des choses épouvantables dans ton sac ou bien veux-tu être riche de l'essentiel, toujours accompagné et avancer, changer, brûler avec le présent sans t'accrocher à rien ?

Histoires juives

« Je n'ai fait qu'une seule chose tout au long de ma vie : apprendre à mourir. »

Bounam de Psiskhé

L'homme sale et l'homme propre

Un roi fit appeler un saint rabbin qui ne dormait que deux heures, employant les vingt-deux autres à lire la Bible.

« Dis-moi la vérité que tu as trouvée dans ces pages ou je te fais couper la tête ! »

L'ancien sourit.

« Avant de te révéler le secret que tu attends, laisse-moi, ô grand seigneur, te poser une question.

— D'accord : pose-la-moi !

— Deux hommes marchent dans la forêt après une forte pluie. Soudain, ils tombent dans une mare de boue. En sortant, l'un d'eux est sale alors que l'autre est toujours propre. Lequel des deux se lave ?

— Eh bien, celui qui est couvert de boue ! répondit le puissant.

— Non, majesté. Car celui qui est tout crotté voit son compagnon tout propre et il pense qu'il l'est lui aussi. L'autre, qui le voit couvert de boue, pense que lui aussi est sale et il court se laver.

– Bien, dit le roi, maintenant dis-moi la vérité que tu as trouvée dans ta Bible.

– Auparavant, seigneur, résous ce problème : deux hommes marchent dans la forêt après une forte pluie. Soudain ils tombent dans une mare de boue. En sortant, l'un d'eux est sale et l'autre propre. Lequel des deux se lave ? »

Le monarque, croyant connaître la réponse, dit :

« Celui qui est propre !

– Non, mon seigneur. Comme il avait déjà commis l'erreur, c'est le tout crotté qui se lave. L'expérience enseigne.

– J'accepte, dit le roi. Maintenant, dis-moi la vérité que tu as découverte dans ton livre sacré.

– Oh ! grand magnanime, laisse-moi te poser une dernière devinette ! Après une forte pluie, deux hommes qui marchent dans la forêt tombent dans une mare de boue. L'un en sort sale, l'autre propre. Lequel se lave ? »

Le roi fut déconcerté.

« Je ne sais plus que répondre. Tous deux peuvent se baigner ou aucun... Peut-être celui qui est couvert de boue se lave-t-il à nouveau... »

Le vieillard sourit.

« Si tu crois, seigneur, qu'un accident aussi incroyable va se répéter trois fois, tu es prêt à croire n'importe quoi. »

Le roi voit dans la Bible un ensemble de mots. Il croit que la vérité est quelque chose qui se dit. Le rabbin lui démontre qu'un texte peut donner naissance à des interprétations innombrables. Les mots ne sont qu'un guide sur le chemin de la vérité, de même que le doigt qui montre la lune n'est pas la lune. Pour comprendre ce que le rabbin trouve dans son livre sacré, le roi devrait réaliser une mutation mentale grâce à l'ouverture de son cœur. À travers le texte, le sage entre en relation émotionnelle – un état qui se vit, mais ne se pense pas – avec cet impensable qu'il nomme Dieu. Le roi cherche à croire. Le rabbin cherche à se connaître, parce qu'il sait qu'en lui demeure le Créateur. Pour dominer le monde, le monarque se sépare de lui. Par amour du monde, le sage s'unit à lui. Tel est l'enseignement essentiel des rabbins.

Un jeune athée s'approcha du pieux rabbin hassidique Menahem Mendl de Kotz et lui demanda, goguenard :

« En réalité, où Dieu vit-il ?

– Il vit là où il est admis », lui répondit le rabbin.

Dieu et le pain sec

En temps de guerre, une grand-mère juive donne à son petit-fils une tranche de pain sec sur lequel elle a étalé, sur une seule face, une fine couche de graisse d'oie... Par malheur, le pain tombe des mains de l'enfant, la partie tartinée du côté du sol. La terre se mêle à la graisse et le pain est immangeable. La grand-mère, furieuse, s'exclame : « Dieu n'est pas bon ! Pourquoi n'a-t-Il pas fait que le croûton tombe par terre du côté sec ? Mon petit-fils aurait pu le manger. »

Comme elle sent que la colère lui fait perdre la foi, elle va en courant chez le rabbin du village et lui raconte ce qui s'est passé. Le saint homme réfléchit quelques instants, puis lui dit d'une voix douce : « Bonne dame, ce n'est pas que Dieu soit mauvais, c'est que tu as mis la graisse d'oie sur le mauvais côté de la tranche de pain. »

Le subtil message de ce conte est que face aux événements négatifs, au lieu de nous irriter contre Dieu, le hasard, la nature ou le destin en les accusant d'être cruels et implacables, nous devons chercher en nous-mêmes les causes de l'échec. Si la grand-mère avait appris à son petit-fils à bien tenir sa tartine dans la main, donc à prendre conscience de l'importance vitale de cet aliment, le fâcheux incident ne serait pas arrivé. Se contenter de donner au nécessiteux ce qui lui manque est un acte incomplet. Nous devons également lui apprendre à estimer le don et à ne pas le gaspiller.

De même que les moines bouddhistes bénissent tout ce qu'ils voient, les saints rabbins, en éliminant de leur âme la négativité, reçoivent des leçons mystiques d'objets courants et d'événements banals. Le téléphone leur donne un enseignement : « Ce que tu dis ici sera entendu là-bas. » De même que la gare : « Si tu n'arrives pas à l'heure, tu peux tout perdre en une minute. » Et les enfants : « Ils sont toujours contents, mais ils pleurent pour obtenir ce qu'ils veulent. » Face aux pensées négatives ils se disent : « Si je remue la fange avec un bâton, je ne ferai que me fatiguer, car j'aurai beau la remuer, elle sera toujours de la fange. »

Le secret de la richesse

Une mère juive dit un jour à son fils :

« Mon fils, te voilà à présent âgé de vingt-quatre ans. Il est temps pour toi d'envisager ton avenir. Ton père a un ami fortuné. Va donc le voir et demande-lui comment il s'y est pris pour devenir riche ! »

Le jeune homme, écoutant les conseils de sa mère, prit rendez-vous avec l'ami de la famille. La nuit était tombée lorsqu'ils se rencontrèrent.

« Pourriez-vous me confier le secret de votre réussite ? demanda le jeune visiteur.

— Certainement, acquiesça l'homme. C'est une très longue histoire. » Et, jetant un œil sur son hôte il ajouta : « Puisque tu ne prends pas de notes, éteignons donc la lumière ! Inutile de gaspiller inutilement de l'électricité ! »

À ces mots, le jeune homme sourit et dit :

« J'ai compris. Vous venez de me donner la réponse. »

Le jeune homme avait compris que pour être riche, il faut être économe, conscient de tout.

En l'appliquant au domaine qui nous intéresse, pour acquérir la richesse spirituelle, il nous faut être, de même, extrêmement vigilant. Ne pas gaspiller notre vie inutilement.

C'est pour cette raison que je demande aux personnes qui viennent me consulter si elles ont étudié leur arbre psychogénéalogique, afin de voir ce qu'elles se préparent à vivre dans le futur. Vivons-nous dans le passé, dans notre blessure, ou vivons-nous dans le présent, dans cette merveille qu'est l'instant ? Il faudrait devenir conscient de ce que notre arbre nous a légué afin de ne pas dilapider notre vie.

De nombreuses histoires zen parlent d'économiser l'eau. C'est une façon de dire qu'il ne faut pas se gaspiller. Autrement dit, cesser de vivre dans le passé ou dans le futur au détriment du présent.

Un sac de blé

Deux mendiants affamés arrivèrent un jour chez un rabbin hassidique et l'implorèrent :

« Donne-nous à manger ! Nous n'avons rien à part ce petit sac de blé. »

Le rabbin, aimable et prévenant, les invita alors à sa table. Une fois restaurés, les mendiants remercièrent le rabbin et lui dirent :

« Nous repartons mendier pour quelque temps. Peux-tu nous garder ce sac de blé ? »

Celui-ci accompagna les deux hommes à la porte, leur assurant qu'il en prendrait le plus grand soin.

Le temps passa et le rabbin, ne voyant pas revenir les deux mendiants, pensa :

« Que vais-je faire de ce blé ? Ne vaudrait-il pas mieux le planter plutôt que le laisser à la merci des rats ? »

Il le planta, le blé poussa et fut moissonné. Une année s'écoula sans que les mendiants ne réapparaissent. Le rabbin replanta alors le blé récolté. Plusieurs années

passèrent ainsi et, au fil des moissons, le blé remplit
tout un grenier.

Enfin, les mendiants réapparurent, un jour, plus
pauvres que jamais. Comme la première fois, ils l'im-
plorèrent de leur donner de quoi apaiser leur faim. Le
rabbin les mena alors au grenier et, leur désignant
l'énorme quantité de blé entassée là, leur dit :

« Prenez possession de votre trésor ! »

Pour entrer en possession d'un tel trésor, il faut
travailler, utiliser ses ressources, utiliser ce que l'on
a ! Si on ne fait rien avec ce que l'on a, comment le
blé poussera-t-il ? Un petit sac de blé peut donner
un trésor incroyable. Si on le veut, une valeur ou
une connaissance que l'on a, si minime soit-elle,
peut nous donner une fortune.

Je connais une famille entière où les enfants n'al-
laient pas à l'école. Ils ne faisaient que lire des bandes dessinées. Et maintenant, que font-ils ? Ils
tiennent une chaîne de magasins qui vend des bandes dessinées et sont prospères. Quoique sans
culture, ils vivent de ce qui les a toujours passionnés.

Quelle est la petite connaissance que nous n'avons
pas encore semée ?

La réponse est la question

Un rabbin courait par les rues en criant :
« J'ai des réponses ! J'ai des réponses ! Qui a une
question ? »

Lorsque les compagnons constructeurs de cathédrales faisaient leurs études, le maître constructeur n'enseignait rien à ses élèves. Il attendait qu'ils lui posent des questions. Si pendant toute l'année, ils ne lui en posaient aucune, il n'enseignait rien. Poser des questions était la seule façon d'avancer dans l'étude.

Ceci est très important dans le domaine de la connaissance : sans question, pas de réponse. Il faut débusquer en soi de plus en plus de questions.

Plus je lis les tarots, plus il me devient évident que nous avons comme des murs dans l'intellect, dans l'affectif, dans le sexuel/créatif et dans le matériel/corporel, qui nous empêchent de nous questionner.

Parfois, les réponses ne sont pas des actions à faire. Ce sont des chemins à suivre.

Le nerf de la guerre

Un juif pénètre dans le magasin d'un ami et lui dit :
« Prête-moi tout de suite trois mille euros, cash !
— Trois mille euros ?!...
— Oui, trois mille ! Je te les rends dans dix minutes
avec soixante-quinze euros d'intérêts.
— En dix minutes, tu ne pourras pas aller bien loin !
Tu n'auras même pas le temps de sortir de la rue !
— Je n'ai pas l'intention de quitter ton magasin ! »
Le commerçant accepte et confie trois mille euros en
espèces à son ami. Celui-ci les met aussitôt dans sa
poche et s'empare du téléphone. Après avoir composé un
numéro, il discute quelques minutes avec un interlocu-
teur et, satisfait, repose le combiné.
« Je viens de décrocher un contrat formidable ! dit-il
en rendant les trois mille euros, augmentés des intérêts.
— Mais pourquoi avais-tu besoin d'une telle somme
pour téléphoner ? demande le commerçant étonné.
— Parce que pour discuter, en affaires, on se sent
différent lorsqu'on a de l'argent dans la poche. »

Une amie m'a dit : « Je vais aller à l'étranger faire un travail important, que je suis seule à pouvoir assurer. Je vais me faire payer mille cinq cents euros. C'est super ! »

Je lui ai répondu : « Si on recherche tes services parce que tu es l'unique personne qui peut accomplir ce travail, tu ne devrais pas demander mille cinq cents euros, mais trois mille ou rien. S'il te plaît, donne-toi un prix qui te corresponde ! Apprécie ce que tu fais ! Reconnais ta valeur ! Qui va dire ce que tu vaux si tu ne fixes pas ton prix toi-même ? »

Plus tard, elle est revenue, rayonnante :

« Merci beaucoup pour ton conseil ! Après discussion, les gens qui m'emploient ont accepté de me payer deux mille euros. Je suis très contente. »

Je lui ai répondu :

« Tu ne devrais pas être aussi contente. Tu as baissé ton prix.

— Non, pas vraiment, parce qu'en plus ils vont me donner une pierre qui vaut cinq cents euros.

— C'était à eux de vendre la pierre et de te payer sans marchander le prix que tu avais fixé. On ne transige pas avec la valeur que l'on se donne. Ton prix est la reconnaissance consciente de ta valeur.

« En général, les gens dits normaux ne peuvent pas te voir telle que tu es parce qu'eux-mêmes ne se voient pas tels qu'ils sont. C'est à peine s'ils savent comment ils se sentent.

« Ayant une conscience floue d'eux-mêmes, ils te regardent et te voient de la façon dont tu te sens toi-même. Si tu pénètres "toute crottée" dans un lieu pour discuter de ton prix, tes interlocuteurs perce-vront la manière dont tu te sens et marchanderont. En revanche, quand tu as de l'argent dans la poche, c'est-à-dire quand tu es certaine de ta valeur et que tu cesses de te dévaloriser, tes interlocuteurs ne mettent pas cette valeur en doute.

« Pour reconnaître ta valeur, il faut évidemment que tu la cherches et que tu te la donnes. Il faut aussi, bien sûr, que tu arrêtes de te dévaloriser, que tu dises : "À partir de maintenant, la dévalorisation, ça suffit ! Je me mets au travail ! Je le peux ! Ma valeur, c'est ça ! Je l'accepte et je m'y tiens ! »

« D'ailleurs, connaître sa valeur donne de la force. Cette force, tu la dissimules, mais c'est elle qui te permet d'être tranquille quand tu négocies ton prix ! »

Le grand sommeil

Un homme alla voir, un jour, un rabbin et lui exposa son problème :

« Rabbi, j'ai peur de mourir.

— Abandonne-toi chaque nuit au sommeil comme si tu mourais ! », lui conseilla le rabbin.

Quelque temps plus tard, l'homme retourna voir le sage qui lui demanda s'il avait bien suivi ses indications. L'homme acquiesça.

« Et qu'as-tu ressenti ? Combien d'heures as-tu dormi ?

— Je ne sais pas. Pour moi, ce fut comme une minute. Je me suis endormi sans m'en rendre compte et, au réveil, il me semblait que je venais de me coucher.

— Exactement, répondit le rabbin satisfait, car, vois-tu, lorsqu'on est endormi, on n'a pas conscience du temps qui passe. »

Même si tu n'es pas croyant, pense à ceci qui est positif : si après la mort tu dois renaître, tu renaîtras aussitôt. C'est comparable au sommeil. Tu ne sauras pas combien de temps tu as passé avant de t'éveiller. S'il y a une autre vie après la mort, tu le sauras tout de suite, car même si dix mille ans s'écoulent, tu auras l'impression d'avoir à peine « dormi » une seconde.

C'est avec cette pensée que je m'endors chaque nuit. À une époque, je me suis rendu compte que la plus grande peur qui me restait était la peur de mourir. Un soir, je me suis dit :

« À mon âge, je traîne encore cette vieille angoisse ! Ça suffit ! Elle m'empêche de vivre. D'ailleurs, si cela me préoccupe autant, c'est parce que j'ai peur de vivre. Pourtant, quand ma rencontre avec la mort se fera, elle se fera. En attendant, je vais vivre en la laissant de côté pour un certain temps. Alors Mort, ça suffit ! Je me donne à toi ! Ça y est, je meurs ! J'accepte ! Fini la peur ! Ce sont mes dernières secondes. »

Et ainsi, nuit après nuit, j'ai commencé à faire cette expérience, dans laquelle je cédais de bon gré ma conscience au sommeil.

Bien sûr que lorsqu'on fait ça, on ne s'endort pas tout de suite. Il nous vient un état de clarté mentale qui chasse le sommeil. Alors, on insiste et, au bout de cinq ou dix minutes, sans savoir comment c'est arrivé, on ronfle comme un bienheureux.

Une noyade

En Russie, avant la chute du tsar, les persécutions des juifs ne cessèrent pas avec le début de la révolution. À cette époque-là, un jour, un juif tomba d'un pont. Il était sur le point de se noyer, lorsque des soldats du tsar entendirent ses appels à l'aide. S'approchant de la berge, l'un des soldats le héla :

« Que t'arrive-t-il ?

— Je me noie !

— Es-tu juif ?

— Oui.

— Eh bien crève ! »

Alors, le juif se mit à hurler :

« À bas le tsar ! À bas le tsar ! »

Aussitôt les soldats repêchèrent l'homme et le jetèrent en prison pour ses idées politiques.

Cette histoire curieuse semble parler de l'instinct de survie. Dans les pires moments, il faut trouver quelque chose pour s'en sortir.

Cela me rappelle une autre histoire...

Les deux souris et le pot de lait

Deux petites souris tombèrent dans un pot de lait. Le bord du pot étant beaucoup trop haut, elles se retrouvèrent prisonnières du récipient et se mirent à nager frénétiquement sous peine de couler. Elles se démenaient ainsi depuis un certain temps quand l'une des deux perdit espoir et abandonna la lutte. Elle cessa de nager et se noya. L'autre, exténuée, décida de continuer à lutter jusqu'à la limite extrême de ses forces. Elle nagea et nagea sans relâche. Tout à coup, le lait tourna en beurre et, prenant appui sur cette nouvelle matière solide, la petite souris sauta par-dessus bord et s'échappa.

Il faut lutter jusqu'à la dernière seconde, ne pas se laisser faire et toujours garder espoir !

La délivrance

Un jour, un maître de Talmud rencontra le prophète Élie. Il lui demanda :
« Quand viendras-tu annoncer la Délivrance, Élie ?
— Aujourd'hui même, si vous entendez Sa voix. »

La délivrance est partout, si l'on sait entendre sa voix. Il arrive que quelque chose soit là, à ta portée, pour t'aider à te délivrer d'un problème, mais tu n'écoutes pas la voix, tu ne prends pas conscience que la solution est si proche.

On n'est pas toujours prêt à accepter la solution proposée. Pour recevoir un message, il faut tendre l'oreille.

Une autre façon de voir

Il était une fois un rabbin qui était un saint. Ce rabbin avait un assistant. Un jour, une femme vint le voir et lui dit :

« Mon mari m'a abandonnée. Reviendra-t-il ? »

Gardant les yeux fermés, le saint homme répondit :

« Rentre chez toi, ton mari va revenir. »

L'assistant, qui raccompagna la femme à la porte, lui murmura :

« Ton mari ne reviendra pas.

– Pourquoi me dis-tu une chose pareille alors que le rabbin m'a dit le contraire ?

– Pendant votre entrevue, le maître avait les yeux tournés vers l'intérieur. Il ne t'a pas vue. Mais moi, si ! »

Voilà une blague « inspirée », mais méchante.

Pourtant, vue sous un autre angle, celui qui se trompe n'est pas le rabbin, mais bien l'assistant qui ne voit les êtres que d'une manière superfi-

cielle. Le saint, lui, les perçoit avec son cœur.
Il voit la perle et les valeurs enfouies dans cette
femme. C'est pour cela qu'il lui dit : « Ton mari
reviendra. »

Les mille portes

Un roi se fit construire un magnifique palais, composé d'innombrables chambres, dans lequel on ne pouvait entrer que par une seule petite porte. Les personnes qui voulurent voir leur souverain, ayant pénétré dans l'édifice, virent s'ouvrir de tous côtés des portes donnant sur de véritables labyrinthes. Elles ne purent trouver le roi.

Lorsque le prince se rendit au palais pour voir son père, il pénétra par la petite porte d'entrée et s'aperçut immédiatement que toutes les suivantes n'étaient que le reflet d'une seule. Il l'ouvrit et trouva son père, assis devant lui.

Cette légende, attribuée à Baal Shem Tov, est racontée dans un livre par Martin Buber.

Cela me rappelle une histoire sur les vies chinoises du Bouddha.

Les mille bouddhas

Alors que Bouddha a quitté sa femme depuis cinq ans, celle-ci met au monde un fils qu'elle affirme être de son époux. Deux ans plus tard, lorsque Bouddha revient, après sept années d'absence, tout le monde rit sous cape : on ne croit guère à cette paternité hors norme. Seul un miracle expliquerait pareil événement. Bouddha dit alors :

« Il s'agit en effet d'un miracle. Cet enfant est bien de moi et je vais vous en administrer la preuve. »

Ôtant sa bague, il dit à son épouse :

« Confie cette bague à l'enfant afin qu'il vienne me la remettre en main propre ! »

Bouddha transforme alors toutes les personnes présentes à son image. La salle se trouve soudainement remplie de deux mille bouddhas, tous identiques.

Lorsque l'enfant pénètre dans le palais, il n'est pas un instant abusé par cette illusion. Il se dirige droit vers son père à qui il remet l'anneau.

C'est exactement la même histoire que celle de Baal Shem Tov.

Lorsque tu es un bon fils, c'est-à-dire une personne pleine de fidélité et de foi, il te sera très facile de te retrouver, de trouver ton roi, ton Bouddha intérieur. Au contraire, sans foi et à la recherche de choses extérieures, tu ne te trouveras pas.

Un loup à la diète

Dans la forêt, un loup, pour se nourrir, massacrait toutes les bêtes sans discernement, causant un véritable carnage. Les animaux, fort inquiets, allèrent en délégation se plaindre à l'Esprit de la Forêt, qui fit comparaître le loup devant lui.

« Loup, lui dit-il, j'ai décidé que tu ne mangerais plus un seul animal durant une année entière, pour compenser tes excès. Tu te nourriras exclusivement de fraises. Je te donne le pouvoir de les digérer.

— Une année ? ! !... gémit le loup tout tremblant. Comment le pourrais-je ?

— Trois cent soixante-cinq jours, trois cent soixante-cinq nuits. Ni un de moins ni un de plus ! trancha l'Esprit de la Forêt. Promets-moi solennellement de ne pas enfreindre ma sentence. »

Le loup leva la patte et jura solennellement de respecter sa promesse. Pendant plusieurs jours, la mort dans l'âme, il se nourrit de fraises. Il errait affamé, rêvant d'un bon mouton à se mettre sous la dent, lorsque soudain, au détour d'un chemin, il tomba nez à nez avec un magnifique agneau bien dodu. Son sang ne fit qu'un tour. Il se rua sur le pauvre animal et le tua tout net. Alors qu'il s'apprêtait à n'en faire qu'une bouchée, il se souvint de sa promesse.

« Comment ai-je pu faire une promesse aussi folle ? » regretta le loup à la torture. Il se mit alors à réfléchir :

« Voyons !.. Au fond, qu'est-ce qu'un jour et qu'est-ce qu'une nuit ? Lorsque la nuit vient et que je dors, j'ai les yeux fermés. Lorsque c'est le jour, j'ai les yeux ouverts. Alors, si j'ouvrais les yeux et que je les fermais aussitôt, cela me ferait passer rapidement du jour à la nuit et de la nuit au jour. »

Convaincu de la justesse de son raisonnement, il se mit à ouvrir et fermer frénétiquement les yeux, de telle sorte qu'une « année » passa en quelques instants. Il dévora ensuite sa proie sans aucun scrupule.

En découvrant cette histoire, j'ai vraiment pensé à moi-même, à toutes les fois où j'ai triché, où je n'ai pas tenu mes promesses.

Quelque part, on triche. On croit faire le travail et on ne le fait pas. On croit donner, mais on retient. On triche.

Histoires hindoues

« On accède à la sérénité lorsqu'on abandonne tout désir d'obtenir quoi que ce soit de qui que ce soit. »

Hari Prasad Shasti

Le bol du gourou

L'aube se lève. Au bord du fleuve, une petite plage de sable. Le vieux sage l'a choisie pour sa méditation matinale. Avant de s'installer sur sa natte, pour protéger son bol de riz des insectes et de la chaleur, il a creusé un petit trou dans le sable et, après avoir couvert le bol d'une feuille de bananier, il recouvre le tout avec du sable. Maintenant, seul un monticule de la taille d'une taupinière indique l'endroit où le récipient est ensablé. Puis, ayant immobilisé son corps et son mental, le maître plonge dans les profondeurs de son être. Sa concentration est si profonde qu'il n'est plus conscient de ce qui se passe autour de lui.

Entre-temps le soleil s'est levé. Quelques disciples arrivent et voient le maître en méditation. Eux aussi s'installent sur leur natte. Voyant le petit tas de sable près du sage et ignorant pourquoi il l'a fait, ils l'imitent, bien qu'ils n'aient pas de bol, pensant que c'est un acte magique qui, ajouté à la méditation, leur apportera l'illumination.

D'autres adeptes arrivent, on les oblige à faire de

même, et bientôt toute la plage est parsemée de pseudo-taupinières.

N'obtenant pas le résultat espéré avec la technique du tas de sable, déçus, un à un ils s'en vont en silence, comme ils sont venus. Le sage, qui avait commencé le premier, est aussi le dernier à finir. Quand il ouvre enfin les yeux, il voit la plage parsemée de petits tas de sable et met longtemps, longtemps, à retrouver son bol.

Dans le cas de ce conte, les disciples se trompent sur un maître honnête. Ils croient que le gourou détient la clé magique qui leur ouvrira la porte de l'illumination. Ils imitent jusqu'à ses moindres gestes sans se rendre compte que cette clé, ils la portent cachée dans leur propre cœur.

Les faux gourous agissent tout autrement. Ils gardent la main fermée afin que personne ne puisse voir ce qu'ils y cachent. Ils attirent les disciples en leur demandant : que croyez-vous que j'ai dans mon poing ? Tous pensent qu'il tient ce que chacun a toujours désiré, et tous courent après cette main prometteuse. Mais lorsque le trompeur, distrait, ouvre accidentellement sa main, ses admirateurs constatent qu'elle est vide. Pour obtenir du pouvoir sur les autres, ces ambitieux enjôleurs affirment posséder une connaissance qu'ils gardent secrète.

La petite histoire suivante, racontée par Sri Râmâ-krishna, réprimande ceux qui cherchent la lumière hors d'eux-mêmes.

Un homme voulait fumer. Il se rendit chez un voisin afin d'allumer son charbon de bois. Il faisait nuit et le voisin dormait. Après qu'il eut frappé à la porte, on vint lui ouvrir. Le voisin lui demanda : « Que veux-tu ? » Il répondit : « Tu sais combien j'aime fumer. Je suis venu chez toi allumer ce charbon de bois. »

Le voisin se mit alors à rire : « Ah, ah, ah ! Tu es vraiment un drôle d'homme ! Tu as pris la peine de venir en pleine nuit et de causer tout ce dérangement ! Pourquoi ? Ne vois-tu pas que tu as une lampe allumée dans les mains ? »

Mais il n'y a pas que de faux et de vrais gourous, il y a aussi de faux et de bons disciples. À ce sujet, Ma Ananda Moyî nous a transmis une histoire révélatrice :

Un grand lotus poussait dans un étang. Un promeneur passa près de l'étang et, comme il n'avait jamais vu une telle fleur, il s'arrêta pour l'admirer. Il remarqua alors qu'une grenouille vivait dans l'eau, juste sous le lotus.

« Quelle est cette merveilleuse fleur, juste au-dessus de vous ? demanda-t-il à la grenouille.

— Elle n'a rien de bien particulier, c'est une fleur ordinaire. Quand elle se fanera, j'irai en chercher une autre » fut la réponse.

Déçu, le promeneur vit une abeille qui se dirigeait à toute vitesse vers le lotus. Il essaya de l'arrêter afin de l'interroger. « Maintenant, je n'ai pas le temps, attendez un peu », lui lança-t-elle. Ayant ainsi parlé, l'abeille se posa juste dans le cœur du lotus en fleur, et elle butina longtemps le nectar. Au bout d'un bon moment, l'abeille revint près de l'homme : « Maintenant, vous pouvez me parler. » Celui-ci répéta sa question et ajouta :

« Dis-moi, qu'as-tu fait ici pendant tout ce temps ?

— Ne le sais-tu pas ? demanda joyeusement l'abeille. Ceci est un lotus rempli de nectar délicieux que j'ai butiné, et maintenant tout mon être est transformé. »

Le don ultime

*À la fin d'un banquet que lui avait offert le roi,
tout le monde vint offrir des présents à Krishna. À quelqu'un qui lui offrait de l'argent, il dit :*

*« Tu seras toujours riche et tu auras beaucoup d'ar-
gent. »*

À celui qui lui offrait une esclave, il dit :

« Tu auras beaucoup d'esclaves. »

*Un pauvre homme arriva, accompagné de sa vache,
sa seule richesse. Il offrit à Krishna un verre de lait que
celui-ci but. Il fit alors un geste en direction de l'animal
et la vache mourut sur le coup. La stupéfaction fut
générale. Quelqu'un dit à Krishna :*

*« Je ne comprends pas. À toutes ces personnes qui
sont déjà si riches, vous promettez encore plus de
richesses et à celui qui n'a qu'une bête, vous la lui
enlevez !*

*— C'est que, voyez-vous, la vache de cet homme était
l'unique chose qui le séparait de moi », répondit
Krishna.*

Krishna a laissé les gens dans leurs rêves d'argent, de prospérité, dans toutes les choses que l'on garde en soi pour se valoriser, tandis que l'homme pauvre n'avait qu'une vache qui le séparait du don total. Sa préoccupation pour son animal l'empêchait d'arriver à sa divinité intérieure. Il ne pouvait se trouver. Il n'avait pas sacrifié ce qui était le plus important pour lui.

Les Japonais racontent qu'une vache est enfermée dans une pièce sans porte, qui possède une fenêtre extrêmement étroite. La vache entière se glisse par la fenêtre, mais se retrouve coincée par la queue qui ne passe pas. On fait don de tout, de presque tout, et c'est cette chose infime qu'on garde et qu'on ne lâche pas qui nous sépare du grand éveil.

La morsure du cobra

Par une belle journée de printemps, un moine longeait une rivière. Soudain, il entendit un coassement énorme, provenant d'une gerbe de roseaux. Il s'approcha et vit qu'un crapaud était à l'origine de ce vacarme. Il était pris dans les mâchoires d'un serpent, mais ce dernier, ayant sous-estimé la taille de sa proie, n'arrivait pas à l'avaler. Le crapaud était bloqué. Le serpent ne pouvait ni le rejeter ni l'ingurgiter. Le lendemain et le surlendemain, le crapaud coassait toujours. Il fallut trois jours au serpent pour faire taire sa proie.

« Si cela avait été un cobra, pensa le moine, il aurait mordu le crapaud tout de suite et celui-ci serait mort sur le coup. »

On peut facilement trouver des applications de cette histoire de Râmâkrishna dans la vie pratique. Par exemple, des personnes entrent dans des écoles, cours, sectes ou autres pour suivre des techniques d'évolution personnelle... En fait, elles entrent dans la gueule du serpent. Celui-ci les retient pendant des mois et même des années sans jamais leur donner le coup qui va les transformer. Ces mêmes personnes peuvent parfois faire le travail avec un cobra qui leur porte un seul coup et les aide à accomplir leur prise de conscience immédiatement.

Nous-mêmes, de temps à autre, il nous arrive de jouer les crapauds. Nous nous disons :

« Dois-je ou non arrêter de voir cette personne ? Chaque fois que je la rencontre, je passe un mauvais moment et je le vis mal. »

Ou : « Mon travail ne me correspond pas. Est-ce que j'en cherche un autre ou non ? »

Ou : « Je vis dans une maison que je n'aime pas... »

Ou : « Je mène une vie que je n'aime pas... »

Au lieu d'être comme un crapaud prisonnier dans la gueule d'un serpent et au lieu de ne pas prendre de décision, il faut tout de suite devenir cobra et se dire :

« Le changement, je le fais tout de suite, ici et maintenant ! »

« Je fume trop. J'arrête tout de suite ! »

« Je suis dans un bar en train de boire. En fait, je sombre dans l'alcoolisme. Je me reprends tout de suite ! J'arrête de boire ! »

« Je dois aller chez le dentiste, j'y vais tout de suite ! »

« Cette relation me fait du mal, d'accord, j'y mets fin ! »

Si Gauguin n'avait pas fait cela, il serait resté employé de banque jusqu'à la fin de sa vie. Un jour, il s'est dit :

« Ça suffit ! Je pars ! » et il est devenu Gauguin.

L'eau du Gange

« *Maître, dit un disciple, tu enseignes que Dieu est à l'intérieur de chacun, mais comment la divinité qui est si vaste pourrait-elle être contenue en nous ?*

— Va jusqu'au Gange et ramène-moi un litre d'eau », répondit le maître au disciple.

Lorsque l'eau lui fut apportée, le maître s'étonna :

« *Mais ceci n'est pas de l'eau du Gange ?!...*

— Bien sûr que si, je l'ai puisée moi-même dans le fleuve ! s'exclama le disciple.

— Mais où sont les tortues, les poissons, les gens qui s'y baignent, les bateaux, les cadavres qu'il charrie et les moines qui y font leurs ablutions ? Je ne vois rien de tout cela. Ceci ne peut être l'eau en question ! Cours la rejeter dans le Gange ! »

Au retour du disciple, le maître dit alors :

« *À présent, ton litre d'eau, mélangé à l'eau du fleuve contient des tortues, des poissons et tout ce qui lui manquait auparavant. C'est de l'eau du Gange.* »

Nous sommes riches, infiniment riches, mais à un certain niveau de conscience, nous ne voyons que le litre d'eau et non l'immensité du fleuve. Lorsque nous sommes reliés à l'immensité, nous sommes riches de tout ce qu'elle contient.

Relié, uni au monde, je marche avec lui. J'ai la force. Je possède tout. Séparé du monde, je n'ai rien.

Les réincarnations

Un saint mystique avait rendez-vous avec Dieu. En chemin, il rencontra un autre mystique en train de méditer avec le plus grand sérieux. Le saint, interrompant les mantras de l'autre, lui proposa :

« Je vais rencontrer la divinité, veux-tu que je lui parle de toi ? Aurais-tu quelque chose à lui demander ?

— Demande-lui combien de fois je dois me réincarner avant de trouver la libération, dit le mystique. J'ai déjà vécu trois vies. »

Plus loin, le saint croisa un second mystique, un yogi qui dansait en pleine extase. Il lui fit la même proposition. Le yogi, totalement absorbé par sa danse, ignora le saint homme. Celui-ci, repensant à sa rencontre précédente, suggéra au yogi de demander à la divinité combien de réincarnations il lui restait à vivre. Le yogi, ivre de danse, tournoya sur lui-même en souriant.

À son retour, quelque temps plus tard, le saint croisa de nouveau le yogi dansant. Il lui dit :

« La divinité m'a parlé. Il te reste autant de vies à

vivre qu'il y a de feuilles sur l'arbre qui se dresse à côté de toi.

– *Quelle merveille, s'exclama le danseur. Seulement cela ! Quand je pense au nombre d'arbres qu'il y a dans la forêt alentour et au nombre de forêts qu'il y a sur la terre, cela fait des milliards de feuilles. Quelle chance j'ai ! »*

Plus tard, le saint retrouva le premier mystique. Celui-ci, fébrile, se porta au-devant de lui.

« La divinité m'a dit qu'il te restait trois vies avant de trouver la libération. »

En entendant ces mots, le mystique s'effondra de découragement :

« Cela n'aura donc jamais de fin ? » s'écria-t-il désespéré.

À l'un, trois réincarnations paraissaient insupportables, tandis qu'à l'autre, des milliers étaient peu de chose par rapport à l'infini. Le premier faisait le travail dans la douleur, le second dans l'extase.

Comme les mystiques de cette histoire, il existe des personnes qui vivent dans la peine et d'autres dans la joie. Les premières ne connaissent pas la prospérité. Leur vie est toute de souffrance.

Tout dépend du regard, positif ou négatif, que l'on porte sur la réalité. Une fois que l'on a pris conscience de cet état de chose, c'est une question de choix.

Un homme de soixante-cinq ans est venu me consulter, il y a quelque temps. Il se plaignait de ce que sa femme, âgée de quarante-huit ans, s'était mise dernièrement à sortir de plus en plus souvent très tard la nuit. Ce couple était marié depuis déjà trente ans.

« Avez-vous toujours des relations sexuelles ? demandai-je à l'homme. Avez-vous des conversations amusantes ? S'occupe-t-elle de préparer vos dîners ? »

À toutes ces questions, l'homme répondit par la négative.

« Soyez donc gai ! Vous êtes libéré. Vous ne l'avez plus sur le dos. N'est-ce pas la meilleure chose qui puisse vous arriver ?

— C'est vrai ! reconnut l'homme. Mais que faire à présent ?

— Ne lui dites rien, lui conseillai-je. Faites ce que vous voulez, qu'elle fasse ce qu'elle veut et ainsi tout le monde sera content. Pourquoi voir ce qui se passe actuellement dans votre couple de façon négative ? »

Au lieu d'être vécus comme des drames, certains événements qui nous arrivent peuvent être interprétés et vécus d'une manière parfaitement positive.

Le nouveau mantra

Un jour, une femme alla voir Swâmi Râmdas et lui dit :

« Mon maître m'a conseillé de vous rencontrer parce que vous lui êtes supérieur. Il m'a donné un mantra mais je voudrais que vous m'en donniez un autre.

— Ah oui ! Et quel est ce mantra ? demanda Râmdas.

— C'est Om mani padme hum.

— Ton maître veut-il que je t'en donne un autre ?

— Oui. Il m'a dit que vous pourriez me donner un mantra qui me corresponde parfaitement.

— Bien, dorénavant, ton nouveau mantra sera : Om mani padme hum. » conclut Swâmi Râmdas.

Martine, une amie, n'aimait pas son prénom et voulait en changer. Elle m'a poursuivi un certain temps pour que je lui en trouve un nouveau. Je lui ai dit :

« Ce sont les gourous qui donnent des prénoms. Ce faisant, ils prennent possession de toi. Si quelqu'un te baptise, il devient automatiquement ton père et ta mère. Alors, s'il te plaît, fais attention à cela ! Nos propres parents nous suffisent bien. »

Martine n'était pas convaincue. Elle insistait :

« Tu as raison, mais donne-moi un prénom !

– Bien ! Si vraiment tu n'en démords pas, je vais t'en donner un par pure amitié. Que penses-tu d'Alma ? »

Alma, c'est Âme. Ce prénom m'est venu à l'esprit instantanément. Martine, pas très enthousiaste, est repartie avec.

Quinze jours plus tard, elle m'a dit :

« Tu sais, Alma, cela ne me plaît pas vraiment. Que penses-tu d'Arima ?

– Arima, c'est très bien. »

Elle est repartie en s'appelant Arima, mais quinze jours plus tard elle est revenue à la charge :

« Arima ne me va pas... Je voudrais quelque chose qui sonne mieux.

– Animah ?

– Ah oui ! Animah me plaît. »

Mais une demi-heure plus tard, elle m'a dit :

« Non, je vais m'appeler Raphaëlle ! »

Je trouvais que ce prénom avait une sonorité assez masculine, mais j'ai approuvé son choix. Quelque temps plus tard, elle est revenue :

« Raphaëlle, c'est trop masculin. Je ne sais plus que faire... »

À ce moment, je lui ai dit :

« Si tu me demandes de te baptiser et que chaque

fois tu rejettes le prénom que je te donne, c'est que tu désires de moi quelque chose de très spécial. »

J'ai alors fait comme un maître zen que je connaissais bien. Quand on lui posait une question, il ne répondait pas aussitôt. Il respirait profondément et entrait en lui-même. Ensuite, il attendait le temps qu'il fallait pour qu'une réponse surgisse en lui. Il pouvait parfois attendre une heure. J'ai suivi son exemple et une réponse m'est venue. J'ai dit à Martine :

« À présent, je vais te donner ton nom définitif ! Tu dois l'accepter quoi qu'il arrive !... Es-tu d'accord ?

– Oui.

– À partir de maintenant, une nouvelle vie commence pour toi, car je te baptise Martine ! »

Elle a d'abord été surprise, puis elle s'est mise à sourire, très satisfaite. C'était le prénom qu'elle cherchait.

J'ai compris que, parfois, nous cherchons à être reconnus par le père. Nous ne voulons pas qu'il nous change. Nous voulons qu'il nous reconnaisse comme ce que nous sommes, c'est-à-dire un vrai bijou. Si nous avons besoin d'entendre le père exprimer cela par des mots, tant qu'il ne le fait pas, il nous est impossible de nous accomplir.

Une certaine reconnaissance nous est nécessaire. Lorsqu'elle nous fait défaut, nous ne pouvons vivre notre être, pas plus que notre prénom.

Tout est maître

Un yogi hindou, désespéré par le silence de la divinité, jura un jour :

« Ô Dieu, si tu ne m'apparais pas dans les trois jours qui viennent, je cesserai de m'alimenter ! »

Durant les trois jours suivants, une mendiante passa, puis un fou, et enfin un chien errant. Au bout du quatrième jour, la divinité apparut au yogi qui s'exclama :

« Ah !... Te voilà enfin ! »

La divinité lui répondit :

« Par trois fois, je suis venue te voir et tu ne m'as pas reconnue ! J'étais la mendiante, j'étais le fou et j'étais le chien errant. »

Tout peut être notre maître. J'ai eu moi-même quelques maîtres qui m'ont aidé à comprendre les êtres humains.

Ainsi, l'un de mes premiers maîtres fut un réfrigérateur : j'ai découvert que certains êtres sont à l'image du réfrigérateur. Complètement froids à l'extérieur, on les trouve encore plus froids à l'intérieur, lorsqu'on les ouvre.

Un autre maître fut une graine. Derrière son air innocent, la graine est toute comprimée, crispée, parce qu'elle contient tout un arbre. Il en va de même pour certaines parties de nous qui sont comprimées, crispées, et ne demandent qu'à se déployer. Tant que ces graines ne sont pas en terre, elles restent tendues. Une graine qui ne se développe pas fait un scandale silencieux.

Un autre maître, le torchon de la cuisine. Ah, quelle n'est pas son amertume tandis qu'il pend lamentablement ! Il aurait tant voulu être le merveilleux tutu de la danseuse[1] ! Il ne sait pas s'accommoder de son sort. Plutôt que servir à nettoyer, il aurait voulu être appelé à de plus nobles fonctions... De même, il y a tellement de personnes qui n'aiment pas leur travail, qui cultivent des illusions sur elles-mêmes...

J'ai appris aussi d'un poulet rôti, d'une machine à laver, etc.

---

1. « Il ne faut pas confondre le torchon de la cuisine avec le tutu de la ballerine », proverbe populaire chilien.

L'homme couché

Un homme était étendu sur le bord d'un chemin. Il n'était ni blessé ni mort, juste couvert de poussière. Un voleur l'aperçut et se dit :

« C'est sûrement un voleur qui s'est endormi. La police va venir le chercher. Il vaut mieux que je m'éclipse avant qu'elle n'arrive. »

Un peu plus tard, un ivrogne le contourna en titubant :

« Voilà ce que c'est de ne pas tenir l'alcool ! constata-t-il. Allez, salut l'ami ! Et la prochaine fois, ne bois pas tant ! »

Arriva un sage. Il s'approcha et se dit :

« Cet homme est en extase. Je vais méditer à ses côtés. »

C'est une histoire racontée par Râmâkrishna.

Nous voyons la réalité et les êtres selon nos propres projections. On ne voit pas l'autre tel qu'il est réellement, mais tel qu'on le perçoit après l'avoir fait passer par le filtre de nos projections.

J'ai, par exemple, animé une séance de travail sur l'ego qui fut magnifique. Ceux qui en ont profité m'ont téléphoné pour me remercier des progrès qu'ils avaient faits. Mais ceux qui n'étaient pas satisfaits ont dit que je n'étais pas en forme, que j'étais fatigué, que je n'avais pas travaillé, etc. Pourtant, je n'étais absolument pas fatigué et j'ai fait le travail à fond.

Le problème, c'est qu'on projette. Et que projette-t-on ? Ce que l'on est soi-même.

La tentation du moine

En Inde, un grand temple était administré par un certain nombre de moines. Une fois par mois, chacun devait déposer dans un coffre une pièce d'or. Ils achetaient cette pièce avec toutes les oboles qu'ils recevaient du peuple. Cela fonctionnait très bien ainsi depuis de nombreuses générations.

Un jour, une idée pernicieuse germa dans l'esprit d'un des moines :

« Personne ne voit ce que je mets dans le coffre. Si, cette fois, je déposais une pièce de cuivre à la place de la pièce d'or, qui donc s'en apercevrait ? »

L'idée fit si bien son chemin qu'il passa à l'acte.

Le jour de la collecte générale, quand vint son tour, il déposa sa pièce de cuivre, empochant la différence.

Que croyez-vous que l'on trouva lorsqu'on ouvrit le coffre pour en faire l'inventaire ?... Un tas de pièces de cuivre !...

Cette histoire illustre l'influence d'une simple pensée sur son entourage. Dès que tu permets à une pensée négative d'entrer dans ton esprit, cette pensée va toucher toutes les personnes qui t'entourent. D'une façon mystérieuse, ceux qui sont proches de toi auront les mêmes pensées négatives. Il faut se surveiller.

Le moindre manque d'honnêteté personnelle va rendre les autres aussi malades que toi.

Pris à son jeu

Un jour, en Inde, un voleur pénétra dans une riche propriété. À peine eut-il posé le pied dans le jardin que des molosses se précipitèrent sur lui en aboyant férocement. Apercevant alors un tas de cendres, le voleur s'en couvrit le corps hâtivement et s'assit sous un arbre en position de méditation.

Alertés par les chiens, les propriétaires des lieux accoururent. Voyant l'homme méditer sous l'arbre, ils s'exclamèrent :

« Un saint homme est entré dans notre maison. Quel honneur ! »

Comblés par cette visite inattendue, ils le couvrirent de présents. À leur départ, le voleur se prit à penser :

« J'ai reçu tous ces cadeaux rien qu'en imitant la sainteté. En continuant, qui sait si je ne recevrai pas la présence divine ? »

C'est par l'imitation que l'on réussit, un jour, à vivre réellement ce que l'on imitait.

En faisant semblant de savoir beaucoup, je finirai par savoir un peu.

C'est par l'imitation que l'on arrive. Je me figure que quelque chose me plaît et cela finit par me plaire.

La plus belle œuvre

Un jour, un roi mit deux peintres en compétition, leur demandant de créer le plus beau tableau qui fût. Les deux artistes travaillèrent dans la même pièce. Un rideau les séparait. L'un des deux peignit un tableau merveilleux tandis que l'autre passa son temps à polir le mur avec un soin infini.

Quand le roi vint voir le résultat, on ouvrit le rideau et, d'un côté, il vit le magnifique tableau créé par le premier peintre et, de l'autre, sur le mur opposé, il découvrit le reflet du tableau qui était encore plus beau que l'original.

Cette histoire est racontée par Mâ Ananda Moyî. Elle pourrait paraître suspecte dans la mesure où le reflet pourrait être un vol de tout le travail qu'a accompli le premier peintre pour réaliser une œuvre magnifique.

Mâ Ananda Moyî répondit à la personne qui émit cette réserve : « Toi, tu es l'élève. Tu as poli le mur.

Mais c'est le maître, le gourou, qui a peint le tableau, qui s'est donné le mal de faire le travail. »

Quelqu'un t'enseigne quelque chose, il peint le tableau avec application pour toi. Pendant qu'il t'enseigne, toi, tu l'absorbes, tu polis ton mur.

Histoires chinoises

« J'ai perdu mes dents parce qu'elles étaient dures, j'ai conservé ma langue parce qu'elle était tendre. »

Confucius

Le portrait du coq de combat

Un empereur chinois aime par-dessus tout son coq de combat. Il décide de l'immortaliser. Il appelle le meilleur peintre de l'empire. Des heures durant, l'artiste observe l'animal, puis annonce : « Votre Majesté, le portrait sera prêt dans six mois »...

Au bout des six mois, le monarque envoie un ministre chercher le tableau. Le peintre lui dit : « Il n'est pas encore prêt, revenez dans huit mois... »

Le temps passe. Impatient de voir l'œuvre d'art, l'empereur envoie un groupe formé de ses plus importants collaborateurs, mais le peintre les reçoit en disant : « Il n'est pas encore prêt, revenez dans dix mois... » L'empereur se fâche : « Je vais attendre, mais cette fois, s'il n'a pas terminé, je lui ferai couper la tête ! »

Les dix mois passent. L'empereur lui-même, suivi d'un cortège impressionnant, sans oublier un bourreau, se dirige vers l'atelier de l'artiste. Celui-ci le reçoit avec les marques de respect que stipule le protocole. Le monarque, irrité, l'interrompt : « Je veux voir le portrait de mon coq à l'instant même. Si tu ne l'as pas terminé, tu perdras la vie ! » Très calmement, le peintre place sur un chevalet une toile blanche. Il prépare des couleurs et des pinceaux et, à la surprise générale, peint le portrait de l'animal. Le dessin est parfaitement ressemblant. Le coq semble respirer. Férocité, élégance, intelligence font de lui un maître coq. Devant une telle œuvre d'art, l'empereur pleure d'émotion. Puis il se met en colère.

« Tu es sans doute le meilleur de tous les peintres : ton portrait est parfait. Cependant, je vais te faire couper la tête ! Capable de le peindre en quelques minutes, tu t'es permis de me faire attendre deux ans ! Tu es un vaniteux insolent !...

— Un moment, Majesté, répond le peintre, avant de donner vos ordres, laissez-moi vous montrer quelque chose. »

Il ouvre ses grandes armoires : elles sont pleines de milliers de dessins du coq, dans toutes les positions imaginables, avec tous les états d'âme possibles, les couleurs de ses plumes vues à travers une multitude de tons ! Puis le peintre ouvre les portes de son atelier qui donnent sur le jardin, et l'empereur voit une immense cage pleine de coqs vivants, entourée de centaines de coqs disséqués et d'une montagne de squelettes de ces oiseaux.

Cette histoire m'a appris que si l'on veut réussir à réaliser une œuvre honnête, sinon parfaite (seul Dieu n'a pas de défauts) du moins excellente, c'est-à-dire du mieux que l'on soit capable de faire, on doit développer la patience et la persévérance. La Vérité mythique n'est que la somme des actions que l'on fait pour y parvenir. L'apparente facilité créative s'obtient au prix de l'étude, de la lecture, de la prière, de la méditation, à nouveau de la lecture, jusqu'à ce que la chose recherchée ne fasse qu'un avec le chercheur. À ce moment seulement, on commence à recevoir sans efforts mentaux. Le maître Philippe de Lyon a dit : « La chasse est interdite. La pêche est permise. »

Le jeune peintre

Un jeune homme, voulant devenir artiste peintre,
vient trouver un grand maître. Celui-ci lui demande
de peintre et d'apporter son tableau. Lorsqu'il l'a ter-
miné, le jeune homme le montre au vieux, qui lui dit :
« Qu'en penses-tu ? As-tu réussi ton œuvre ?
— J'attends que vous me le disiez, répond le garçon,
pas très sûr de lui.
— Tu n'y es pas encore arrivé ! »
Tristement, le garçon retourne dans sa chambre et
commence un autre tableau. Lorsqu'il le termine, il
revient voir le vieux.
« Qu'en penses-tu ? As-tu réussi ton œuvre ?
— J'attends que vous me le disiez.
— Tu n'y es pas encore arrivé ! »
La même scène se répète ainsi pendant plusieurs
années. Un jour, enfin, l'élève a le sentiment d'avoir
réalisé une peinture qui a de la valeur. Satisfait, il le
porte à son maître. Celui-ci l'examine attentivement,
puis, comme toujours, il lui demande :
« Qu'en penses-tu ? As-tu réussi ton œuvre ?

— *Cette fois, je crois que je l'ai réussie, mais j'attends que vous me le disiez.*

— *Je dois y réfléchir, étudier ton tableau. Reviens demain.* »

Tout heureux, le jeune peintre va au café où se réunissent les autres élèves et commente avec chacun les qualités de son œuvre. L'un d'eux lui dit :

« *Je ne vois pas pourquoi tu es tellement content de toi. Je viens de parler avec le vieux et il n'a pas cessé de critiquer ton tableau. D'après lui, il n'a aucune valeur.* »

Le peintre, furieux, court à la maison du maître et, le voyant, il lui crie :

« *Comment pouvez-vous parler ainsi de mon tableau ? C'est injuste : je suis sûr que vous savez qu'il est réussi, c'est une œuvre d'art ! Je n'admets pas que vous le démolissiez ! Je n'admets pas que vous disiez du mal d'un tableau que j'aime.* »

Le vieux sourit et lui répond :

« *Enfin, tu y es arrivé !* »

Lorsque, dans une lecture du Tarot, une personne me demande : « Est-ce que j'aime cette personne ? » je lui réponds : « Comment peux-tu demander à des bouts de carton imprimés de te dire si tu aimes ou non ? Si tu aimais vraiment, l'univers entier aurait beau te dire que c'est faux, tu ne cesserais pas pour autant d'éprouver ce sentiment ! Si tu n'en as pas l'intime certitude, ton amour n'est pas véritable ! »

Tant que le jeune peintre se préoccupe de ce que l'autre pense de son œuvre, il ne croit pas en lui-même. Il n'a pas de certitude... Il s'agit de vaincre le grand juge implacable que la famille, la société et la culture nous ont implanté dans le cerveau. Plus important que le jugement des autres, il y a le jugement que nous portons sur nous-mêmes. Qu'importe qu'on nous dise que ce que nous faisons est mauvais, ce qui importe, c'est que nous aimions notre œuvre ! La plus grande œuvre d'art consiste à développer notre âme. Et pour cela nous devons apprendre à nous aimer.

La marmite miraculeuse

Sur le terrain dont il était locataire, un paysan trouva une très grande marmite. Il l'emporta chez lui, ravi de son acquisition. Alors qu'elle était posée dans un coin de la cuisine, un oignon tomba accidentellement dedans. Le paysan se pencha pour l'atteindre, ses pieds touchant à peine le sol. Aussitôt qu'il l'eut récupéré, quelle ne fut sa stupéfaction lorsqu'il découvrit un oignon identique à la place du premier. Il le retira et, aussitôt, un troisième oignon apparut. Comprenant que la marmite reproduisait à l'infini ce qui se trouvait à l'intérieur, le bonhomme se mit à hurler et danser de joie.

Le propriétaire du terrain, mis au courant de la situation, revendiqua la marmite, arguant qu'ayant été trouvée sur son terrain, elle lui appartenait. Le paysan refusa tout net. Il estimait qu'étant locataire, il avait l'entière jouissance du terrain et de tout ce qui se trouvait dessus.

Les deux hommes en vinrent aux mains. Le fils du juge passa au même moment. Lorsqu'il comprit l'objet de leur querelle, il exigea qu'on lui livre la marmite sur-le-champ en attendant que le juge tranche la question.

Muni du précieux ustensile, il se précipita chez lui et jeta une poignée de pièces d'or à l'intérieur. Les pièces se reproduisirent comme prévu et le jeune homme se mit à les multiplier avidement.

Plus tard, son père le trouva en train d'amasser une montagne de pièces d'or.

« Voleur ! s'écria le juge. Pourquoi t'es-tu permis de prendre cette marmite ? Tu as déshonoré notre famille ! »

En quelques mots, le fils mit le père au courant de l'affaire. Ramené à de meilleurs sentiments, ce dernier, émerveillé, s'approcha de la marmite et se joignit à son fils pour en sortir de nouvelles pièces. Emporté par l'enthousiasme, il perdit pied et tomba au fond du récipient.

« Mon fils, sors-moi d'ici ! hurla le malheureux juge.
— Oui, père ! Tout de suite ! » répondit le fils en lui tendant un bras secourable. Il hissa le vieux hors de la marmite, mais à peine celui-ci eut-il mis pied à terre que, du fond de la marmite, une voix hurla :

« Mon fils, sors-moi d'ici ! »

Le fils s'empressa de sortir son père une seconde fois, mais de nouveau la même scène se répéta :

« Mon fils, sors-moi d'ici ! »

Le jeune homme comprit alors qu'il était condamné à passer sa vie à sortir son père de la marmite, à moins qu'il ne rompe avec la tradition qui exige qu'un fils voue un respect absolu à son père.

Dans ma vie, j'ai eu l'occasion de sortir un nombre incalculable de pères de la marmite. J'ai sorti autant de mères d'ailleurs. Chaque fois que je voulais résoudre un problème causé par tout ce qu'ils m'avaient fait subir, il y avait un père ou une mère qui m'appelait et me disait : « Sors-moi de là ! Pardonne-moi ! Tu dois me sauver ! Ne m'abandonne pas dans cette image négative que tu as de moi. »

Le hic, c'est que cela ne s'arrête jamais. Une fois que l'on a résolu un problème et que l'on pense avoir pardonné, un autre surgit, entraînant avec lui un père ou une mère qui supplie qu'on le sorte de là. À un moment donné, on est obligé de dire : « Stop, c'est fini !! »

Il faut sacrifier quelque chose pour que cesse la répétition.

Il en va de même pour la plupart de nos problèmes. Ils sont tombés dans la marmite et on a beau les en sortir, ils sont toujours là. Tant que tu ne décides pas : « Stop ! Ça suffit !! », tu restes leur prisonnier.

Le roi et les barbares

À la suite de violentes guerres fratricides, un roi perdit jusqu'au dernier de ses soldats. Il ne lui resta que deux serviteurs. Un jour, les barbares arrivèrent aux portes de la ville avec l'intention d'investir le palais. Le roi ordonna alors à ses serviteurs d'ouvrir toutes les portes et fenêtres, puis il s'installa sur le balcon afin d'observer l'arrivée des envahisseurs. Tandis qu'il s'éventait avec nonchalance, il les regarda avancer jusqu'aux marches du palais. Sa sérénité troubla les barbares. Ils supposèrent qu'un piège les attendait à l'intérieur Au lieu d'investir les lieux, le chef rassembla ses hommes et sonna la retraite.

Le roi dit alors : « Voyez, les barbares, qui sont le plein, ont peur du vide. »

Cela me rappelle une histoire médiévale française.

Le veau sacrifié

Une ville, bien fortifiée, était assiégée depuis de nom-
breux mois. Toutes les réserves étaient épuisées. Il ne
restait qu'un veau à partager entre trois cents ou quatre
cents personnes. À bout de forces et sans aucun espoir,
les habitants allèrent voir la châtelaine du lieu pour
qu'elle accepte la reddition, mais celle-ci refusa. Elle
ordonna qu'on tue ce dernier veau et qu'on le jette par
dessus les remparts dans les rangs ennemis.

En recevant l'animal, les assiégeants se dirent :

« Il est inutile de prolonger ce siège plus longtemps,
car s'ils se défont d'un veau aussi facilement, cela
prouve qu'il leur reste encore beaucoup de provisions ! »

Ces deux histoires nous disent qu'il ne faut jamais
perdre espoir. Tant qu'il reste une goutte, une possibilité de conscience, tout n'est pas perdu. Tant qu'il
nous reste quelque chose, si peu que ce soit, on ne
peut pas se déclarer complètement dans la misère...
On n'y est pas encore !

Je me souviens d'un jeune homme qui m'avait

dit : « Ma compagne a quarante ans et moi trente. Elle veut me quitter parce qu'elle pense que lorsqu'elle en aura cinquante, je l'abandonnerai. » Cette femme voulait détruire le bonheur présent et se priver de dix ans d'existence commune sous prétexte que dix ans plus tard, ça ne pourrait plus continuer.

On défait aujourd'hui en pensant à demain. C'est absurde. Combien de choses avons-nous défaites à cause du futur, en calculant que dans cette hypothétique avenir les choses évolueront mal ? On se dit : « Puisque je vais tout perdre demain, autant m'en défaire tout de suite ! Et à quoi bon vivre puisque je mourrai demain ? » Mais que savons-nous de l'avenir ? Que connaissons-nous de ces merveilleuses secondes que nous vivrons et que nous serons très heureux de vivre au moment où elles arriveront ?

Le rossignol

Un jour, un prince chinois entendit un rossignol chanter. Émerveillé par la beauté de son chant, il décréta que c'était un oiseau royal dont la place était au palais. Il ordonna sa capture.

Quand on lui apporta le volatile, il le plaça dans une magnifique cage en or. Il lui fit servir les mets les plus exquis et convoqua les meilleurs musiciens de l'empire pour lui tenir compagnie. Cependant, il eut beau l'entourer de mille attentions, le rossignol cessa de chanter, dépérit et mourut en une semaine.

Ce qui était bon pour le prince ne l'était pas forcément pour l'oiseau. Il faut apprendre à parler le langage de chacun. Le prince ne voyait que ce qui était bon pour lui et l'appliquait à tous.

De même, il existe des personnes qui croient donner le meilleur à leurs enfants ou à leurs amis, mais comme elles ne se sont pas mises à leur place, « l'oiseau » meurt.

Être et paraître

Un homme, passant devant une boutique, vit que l'on y vendait deux perroquets enfermés dans la même cage. L'un était très beau et chantait très bien, tandis que l'autre, tout miteux, était muet. Le premier valait cinquante yens et le second trois mille.

L'homme, estomaqué par la différence de prix, dit au marchand :

« Donnez-moi le perroquet à cinquante yens !

— Impossible, monsieur, répondit le vendeur. Je ne peux pas séparer les deux oiseaux.

— Mais pourquoi ? Comment expliquez-vous une telle différence de prix ? Le plus laid coûte infiniment plus cher que le plus beau et, en outre, il est muet. C'est absurde.

— Ah ! ne vous y trompez pas, monsieur ! Le perroquet que vous trouvez laid est le compositeur. »

Il faut faire une différence entre être et paraître. Nous vivons souvent dans le paraître, qui prend des allures parfois incroyables. Mais derrière celui-ci se tient le perroquet compositeur, l'Être.

Cet Être-là est peu visible. Il faut savoir valoriser chez l'autre ce perroquet intérieur. Il est bon de savoir faire la distinction entre les deux.

Les mouettes

Des enfants jouaient sur une plage avec des mouettes. Les oiseaux venaient sans crainte jusque dans les bras des gamins qui dansaient avec elles.

Lorsqu'ils furent rentrés chez eux, le soir, leur père leur parla :

« J'ai appris que vous jouiez avec les mouettes. Attrapez-en quelques-unes demain pour que, moi aussi, je puisse jouer avec elles. »

Lorsque, le lendemain, les enfants se rendirent au bord de l'eau, aucune mouette ne vint voler près d'eux. Elles restèrent lointaines, planant dans les airs.

Les oiseaux ont senti qu'on voulait prendre possession d'eux. Certaines choses sont parfois merveilleuses, mais dès que l'on essaie d'en prendre possession, elles perdent leur magie, elles ne nous appartiennent plus. On dirait, paradoxalement, qu'elles ne sont à nous que lorsque, justement, elles sont hors de notre portée, lorsqu'on ne les a pas.

Le goût du vinaigre

Dans un tableau taoïste se trouvent trois hommes assis autour d'un pot de vinaigre qu'ils sont en train de goûter.

Le premier fait la grimace, trouvant le vinaigre amer. Le second fait aussi une mine dégoûtée parce qu'il le considère trop acide et le troisième est ravi, il l'estime excellent.

On dit que le pot de vinaigre, c'est la vie, et que les personnages sont Confucius, Bouddha et Lao Tseu.

Le premier, Confucius, pense que la vie est terrible, qu'il faut se créer des cérémonials pour s'y soumettre ensuite.

Le deuxième, Bouddha, dit que la vie est amère, que l'on va mourir, que tout est souffrance et qu'il faut s'efforcer de s'en détacher.

Le troisième, Lao Tseu, est un être positif qui suit le cours des choses. Il dit : « La vie dépend du point de vue que l'on a sur elle. Mon quotidien est une merveille parce que c'est moi qui le crée. Je suis la vie. »

Goûter le vinaigre est une image très forte, mais il s'agit de le goûter vraiment, c'est-à-dire de goûter la vie vraiment. Cela amène à acquérir un point de vue plus large sur le monde. Voilà toute la difficulté du travail que nous avons à faire.

Comment vivre dans ce monde qui est une véritable menace pour moi avec ses maladies mortelles, sa pollution, son autodestruction ?

De la même manière que la menace : s'il y a un virus, je suis l'anticorps, s'il y a une vibration, je suis le calme, s'il y a une guerre, je suis la paix. Je ne suis pas une excroissance « venue d'ailleurs ». Je fais partie du monde.

Si j'ai de beaux sentiments, il existe de beaux sentiments dans le monde. Toute valeur que je réalise appartient à l'espèce humaine.

Si j'allume la lampe de la beauté, la beauté existe quelque part dans le monde. « Quand une fleur s'ouvre, c'est le printemps partout. »

Histoires taoïstes et bouddhistes

« Le volatile en cage a sa nourriture, mais bientôt il bouillira dans le pot, on ne donne rien à la grue sauvage, mais les cieux lui appartiennent.

L'évangile de Bouddha

Le secret de la beauté

Le grand peintre Wu-tao-tzu reçut un ordre de l'empereur : « Peins un tableau qui me révèle le secret de la beauté. » Pour cela, on lui donna un mur du palais. S'il refusait on lui couperait la tête.

L'artiste s'enferma pendant plusieurs mois, travaillant. Un jour, il annonça que l'œuvre était terminée. L'empereur, accompagné de sa cour et de ses bourreaux, s'assit devant la toile qui recouvrait la peinture murale.

« J'attends de connaître le secret de la beauté afin de l'utiliser en appui de mes ordres ! » murmura le monarque, anxieux.

Wu-tao-tzu ôta le drap et découvrit un paysage vaste comme le monde, au centre duquel se dressait une montagne. Tous le regardèrent, émerveillés. La première impression passée, l'empereur grogna :

« C'est un beau paysage, rien d'autre ! Où est le secret que j'ai demandé ?

— Un esprit qui vit dans une grotte au pied de cette montagne le possède », répondit le peintre.

À cet instant, l'entrée d'une grotte s'ouvrit dans la montagne. Le peintre continua :

« Ce qu'il y a à l'intérieur est si beau que rien ne pourrait l'exprimer. Majesté, je vais vous montrer comment l'obtenir ! »

Le peintre frappa dans ses mains, il devint minuscule et entra dans la grotte. La pierre qui servait de porte se referma derrière lui. La peinture commença peu à peu à s'effacer, jusqu'à ce que le mur se retrouve blanc et vide. Personne ne revit jamais Wu-tao-tzu.

Considérons que l'empereur et le grand peintre sont deux aspects d'un même être. Le premier soumet le monde à sa volonté en pensant : « La réalité est ce que je crois qu'elle est », et vit par conséquent enfermé dans son mental, l'ombre toujours plus grande de son ego personnel voilant le vrai. Le second, au contraire, s'abandonne à la volonté de ce qu'il est réellement ; se libérant de toute conception personnelle, de toute attache affective, de tout désir de permanence, de tout abus de pouvoir, il s'immerge dans l'Essence impersonnelle et ne fait qu'un avec le monde. Il n'y a en lui ni spectateur ni spectacle, il est impossible de le définir. Le secret de la beauté, hors de tout concept rationnel, consiste à devenir la beauté.

Il ne reste à l'empereur que le souvenir du peintre, qui est devenu invisible en se fondant dans sa propre œuvre. Ce souvenir, cependant, transformera l'empereur. Bien qu'il ne puisse comprendre intellectuellement la beauté – éclat de la vérité –, celle-ci, depuis l'invisible, contribuera à donner de la fluidité à son monde subjectif sclérosé. L'empereur essaie de transformer un fleuve en lac. Le grand peintre s'immerge dans le torrent et se laisse porter vers l'océan infini.

Ce désir taoïste d'anéantissement de l'ego individuel est merveilleusement décrit dans le conte suivant.

Le dixième homme

Dix moines, ayant abandonné leur monastère et leur vieux maître, voyageaient ensemble à la recherche d'une illumination qu'ils pensaient ne pas avoir atteint. Traversant une rivière en crue, ils furent séparés par le courant tumultueux. Lorsqu'ils atteignirent la rive opposée et se retrouvèrent, l'un d'eux compta les autres pour s'assurer qu'ils étaient tous sains et saufs. Or il n'en compta que neuf. Chaque moine fit de même et, comme le premier, n'en compta que neuf. Tandis qu'ils pleuraient en pensant à leur frère noyé, un voyageur qui allait vers le village proche, après leur avoir demandé la cause de leurs larmes, leur assura qu'ils étaient dix. Mais chaque moine recompta et insista sur le fait qu'ils n'étaient que neuf. Ne pouvant les convaincre, le voyageur s'éloigna en direction de son village.

Alors, l'un des moines s'agenouilla sur un rocher, au bord de la rivière, pour laver les larmes de son visage. Voyant son reflet dans l'eau, il revint en courant vers ses compagnons pour leur annoncer qu'il avait retrouvé leur pauvre frère noyé. Les uns après les autres, les moines allèrent s'agenouiller sur le rocher, regardant l'eau avec émotion. Lorsque tous eurent vu la victime, qu'ils ne pouvaient sauver car elle gisait au fond du torrent, ils célébrèrent une cérémonie funèbre en son honneur.

Le voyageur, de retour du village, voyant ce qu'ils faisaient, leur assura qu'ayant chacun célébré leur propre décès ainsi que celui des autres, ils étaient tous morts. Entendant cela, les dix moines connurent l'éveil et ils retournèrent dans leur monastère, à la grande joie de leur vieux maître.

Porter le radeau

Un homme longeait avec difficulté une rivière. Il remarqua que la rive opposée était beaucoup plus praticable, mais il ne pouvait la rejoindre faute de pont. Il assembla quelques roseaux, construisit un radeau, puis traversa. Arrivé sur l'autre berge, il ne put se résoudre à abandonner son embarcation. Il la chargea sur son dos et reprit sa progression, qui devint beaucoup plus lente et pénible qu'avant qu'il n'ait changé de rive.

À un moment donné, il est bon de lâcher les vieilles choses qui nous ont amenés à l'endroit où nous sommes. C'est le moment de faire le tri, le moment de se dire : « Quelles sont les dettes que j'ai encore aujourd'hui ? Combien ai-je abandonné d'enfants ? Qui ai-je volé ? Qui ai-je offensé ? À qui dois-je de l'argent ? »

Pour pouvoir accéder à un nouvel état, il faut faire le point et régler tout son passif.

« Mon enfant est mort et je n'ai rien fait. Quelque part, je l'ai poussé au suicide. Comment puis-je réparer mon terrible forfait ?

– C'est très simple. Fais pour les enfants des autres ce que tu n'as pas fait pour les tiens. Si tu as torturé, un jour, des enfants, mets-toi aujourd'hui au service de tous les enfants torturés ! »

On n'est pas obligé de payer ses dettes uniquement là où on les a contractées, surtout si ceux qu'on a lésés ne peuvent plus être dédommagés. On peut rembourser ailleurs, auprès d'autres. L'essentiel est de payer.

« Je n'ai pas vraiment pardonné à mes parents.

– Aide un autre à pardonner aux siens ! Travaille là-dessus ! »

À partir du moment où tu paies, tu peux mourir à une personnalité donnée et passer à une autre sans avoir à charger le radeau de tes dettes sur ton dos.

La leçon

À l'époque où il cherchait l'illumination, Marpa, qui fut plus tard le maître du grand Milarepa, croisa un jour, sur un chemin, un vieil homme courbé sous un lourd fardeau. Il eut soudain l'intuition que ce vieillard possédait la clé de sa recherche spirituelle. Il le héla :

« Dis-moi, maître... Qu'est-ce que l'illumination ? »

L'homme s'arrêta et, sans dire un mot, déposa son sac à terre. Marpa, qui fixait avec intensité le vieil homme, hocha la tête :

« J'ai enfin compris ce qu'était l'illumination. Merci. Mais... qu'y a-t-il ensuite ? »

Pour toute réponse, le vieillard souleva son fardeau, le replaça sur son dos et reprit son chemin.

Le vieillard voulait lui dire : « Tu es chargé d'un sac de préoccupations. Tu es rempli d'idées qui viennent du passé. Si tu veux t'illuminer, défais-toi de cette réalité.

— Et ensuite ?...

– Ensuite, continue à vivre dans la réalité. Deviens conscient. Tu sauras alors quelle est la nature du sac que tu portes, et le porter ne sera plus une fatalité, mais un choix. À partir de là, tu pourras manipuler aisément ton sac, la réalité deviendra alors ce qu'elle est. Elle ne sera plus projection. »

De même, si tu vis un drame épouvantable au sein de ta famille ou ailleurs, sois conscient que ce drame est un sac dont il convient de connaître la nature afin de pouvoir t'en libérer. Sorti du piège de la projection, tu verras que la vie n'est pas si dramatique que cela et qu'elle est même formidable lorsque l'on sait la manier.

Bouddha et la prostituée

Une prostituée était tombée amoureuse du Bouddha. Un jour, elle alla au monastère, traversa la grande salle où les moines méditaient et se dénuda devant lui, s'exposant à son regard et à celui de tous les moines présents.

« Me désirerais-tu ? », lui demanda-t-il.

La femme acquiesça. Le Bouddha la prit alors par la taille et l'entraîna vers les bords d'un lac situé à proximité du monastère. Une fois là, d'un geste vif, il la poussa dans l'eau glacée. Les ardeurs amoureuses de la prostituée s'évanouirent sur-le-champ. Le Bouddha lui tendit une main ferme et, l'aidant à remonter sur la berge, lui dit : « Et maintenant, allons méditer ensemble ! »

Une autre histoire complète celle-ci.

La tentation du moine

Une femme d'un âge respectable avait pris en charge un jeune moine et subvenait à ses besoins depuis des années. Le moine passait son temps à méditer et la vieille femme espérait le voir s'illuminer.

Un jour, elle reçut la visite d'une jeune parente, une prostituée. Elle l'invita à aller saluer son protégé qui méditait au fond du jardin. La jeune femme, nimbée d'une enivrante fragrance de violette, se dirigea vers le moine dans une ondulation sensuelle, suivie d'une nuée de papillons mâles énamourés. Le seul parfum de la prostituée arracha le moine à sa méditation. Horrifié, il s'écria, rougissant :

« Que viens-tu faire ici, femme de mauvaise vie ! Ta présence déshonore ce lieu saint ! Retourne d'où tu viens ! »

Confuse, la prostituée s'enfuit en pleurs retrouver la vieille dame :

« Le saint homme m'a chassée ! Honte sur moi. Je l'ai souillé de ma présence impure. »

À ces mots, la protectrice du moine pâlit : « Quoi,

*ça un saint homme!» et, soudain prise d'une rage
incoercible, elle s'empara d'un flambeau et courut au
fond du jardin mettre le feu au temple.*

*« Hors d'ici, fainéant! hurla-t-elle à l'adresse du
moine atterré. Quand je pense que j'ai entretenu
un cochon pendant plus de dix ans. Disparais et que je
ne te revoie plus!»*

Dans la première histoire, le Bouddha, qui est
impassible face aux regard des autres, l'est tout
autant devant celui de la femme. Il n'en est pas
affecté. Il l'absorbe. S'il n'est pas concerné, peu lui
importe le désir qu'on a de lui. Il ne refuse pas la
prostituée parce qu'elle ressent ce désir en elle. Après
l'avoir jetée à l'eau pour la « refroidir », il lui fait
comprendre qu'une relation avec lui se passe à un
autre niveau. Il l'invite à méditer. Le désir de la
femme ne l'a pas offensé. Il l'a vécu comme un
hommage.

Dans la seconde histoire, en revanche, le jeune
moine a été immédiatement submergé par la tenta-
tion. La violence de sa réaction était proportionnelle
à la force de son instinct réprimé. C'est pour cette
raison que sa bienfaitrice brûle le temple, le traite
de cochon et le chasse. S'il n'avait pas éprouvé de
désir pour la femme, il ne l'aurait jamais traitée de
cette manière. Il aurait pu, comme le Bouddha, la
recevoir avec bienveillance et voir en elle l'être
humain, non la prostituée.

La force de la vérité

Un guerrier se trouva face à un monstre au cuir invulnérable. Il lui décocha une flèche qui ne lui fit pas plus d'effet qu'une piqûre de moustique, le chargea avec sa lance qui se brisa sans même l'égratigner, le frappa avec sa hache qui se désintégra sous le choc, utilisa son épée qui vola en éclats. Ses coups de pied, de poing ou de tête n'eurent pas le moindre effet sur la bête. Rien n'y fit. L'effroyable monstre, soulevant le guerrier, lui dit alors :

« Tu es vaincu. Je vais te dévorer.

— Ne chante pas victoire trop tôt. Lorsque je serai à l'intérieur de tes entrailles, je t'empoisonnerai.

— Et avec quoi m'empoisonneras-tu ? questionna le monstre.

— Avec la vérité. »

L'attitude du guerrier va très loin puisqu'il dit : Je ne serai jamais vaincu. Même si le monstre me tue, il ne me vaincra pas, car de toute façon je me suis donné à la vérité. C'est elle qui agira.

Si tu penses que ta vie est une succession de « morts » et de « renaissances » où tu passes d'un niveau de conscience à un autre, et si tu penses aussi que tu te bats, ici et maintenant, pour renaître à une vie plus pleine, alors tu luttes d'arrache-pied et, jusqu'à la dernière seconde, tu ne perds pas espoir. Tu n'abandonnes pas et tu ne doutes pas.

Le bateau vide

Dans un port de la mer de Chine, de nombreux bateaux étaient sur le point d'embarquer, tous chargés à ras bord de bijoux, de soieries et autres marchandises de valeur. Les marchands qui les avaient affrétés se réjouissaient de ramener ces trésors dans leur nation. Peu avant leur départ, on leur annonça qu'une tempête se préparait au large et que leurs bateaux, beaucoup trop chargés, ne pourraient pas y résister. Ignorant cet avertissement, les marchands décidèrent de partir sans tarder. Un seul parmi eux déchargea son bateau et prit la mer à vide. Plus tard, quand la tempête fit rage, les bateaux trop lourds sombrèrent. Seul, le bateau vide resta à flot et récupéra tous les naufragés.

Cette histoire est tirée de la vie chinoise de Bouddha.

Les êtres qui se débattent dans leurs problèmes sont comparables à ces bateaux trop chargés. Si tu es un bateau plein, comme eux, ta compagnie ne leur sera d'aucune utilité. Si tu travailles sur toi et fais le vide en toi, tu peux récupérer les autres. Sinon, quand la tempête se déchaînera, que les problèmes te submergeront, tu ne pourras pas faire face. Fini les thérapies, fini le business, le restaurant ou le travail au bureau, tu vas cesser toute activité et sombrer dans la tourmente.

Il faut décharger sa cargaison. On ne peut pas repêcher les autres avec un bateau plein.

La cruche d'or

Un maître vivait à proximité d'un marché. Il possédait une cruche en or, fort réputée alentour. Attiré par cette réputation, un voleur vint un jour voir le maître en se faisant passer pour un disciple. Tous les moines méditaient et l'homme mal intentionné se joignit à eux. Un moment plus tard, le maître surprit ses regards avides sur la cruche : « Ah, c'est cela qui t'a attiré ici ! », dit-il en s'emparant de l'objet. Il alla jusqu'à la fenêtre et lança la cruche d'or au milieu de la foule qui se pressait sur le marché.

« Et à présent, que désires-tu d'autre ? » s'enquit le sage.

Si l'objet de ton désir disparaît, s'il n'y a plus de cruche d'or à convoiter, si tu n'as rien à voler, rien à acquérir, si tout t'est donné, que deviens-tu ? Que vas-tu faire de ta vie ? À ce moment-là, il ne te reste plus que le travail spirituel.

Bouddha, le Christ, ou d'autres maîtres spirituels, n'ont aucune connaissance à défendre, aucune **cruche**

d'or à protéger. La connaissance est divine. Personne
ne peut nous la voler.

On n'a aucune idée à protéger. On peut imiter le
« don » d'un autre, mais on ne peut pas le lui voler.
Le pommier donne des pommes, le rosier des roses.

Le fils de Bouddha

Un ami de Bouddha s'était remarié, mais une servante jalouse n'acceptait pas la nouvelle maîtresse et lui rendait la vie difficile. À la demande de son ami, Bouddha vint essayer de la raisonner. Ses paroles n'eurent aucun effet. La servante ne voulait rien entendre. Bouddha retrouva son ami et lui dit : « Ta servante est sourde à mes paroles, mais je vais t'envoyer mon fils. Lui, elle l'écoutera. »

Effectivement, quand le jeune homme rencontra la servante, il réussit à la convaincre.

Bouddha accepte de céder sa place.

Parfois, lorsque nous essayons d'aider quelqu'un et que notre intervention ne donne aucun résultat, nous devons avoir un minimum d'humilité pour nous en rendre compte et céder notre place à une personne qui aura plus de chances de réussir. C'est-à-dire que nous collaborons. Nous donnons à un autre l'opportunité d'assurer le travail que nous ne pouvons pas faire. Nous ne nous accro-

chons pas à une œuvre que nous ne pouvons pas
réaliser. L'œuvre divine n'est pas soutenue par un
seul être.

En guise d'épilogue

« Ce n'est pas que nous ayons perdu, c'est
que nous n'avons pas encore gagné. »

Pancho Villa, à ses troupes

Les trois fils préférés

Il était une fois un homme qui décida de faire forger un très bel anneau en or afin de le transmettre au meilleur de ses fils, quel que soit son âge, pour qu'il devienne le chef de la famille après lui. Cette transmission de l'anneau au fils préféré se perpétua de génération en génération.

Or, il arriva qu'un père se révolta contre cette tradition. Il avait trois fils et les aimait tous autant. Incapable d'en choisir un, il ne savait que faire de cette bague. En secret, il disait à chacun d'eux qu'il la lui transmettrait.

Sentant sa fin proche, il fit un moulage de l'anneau, le fondit et, ajoutant une certaine quantité du précieux métal, reproduisit l'original en trois exemplaires. Sur son lit de mort, il en confia un à chacun de ses fils, si bien qu'après son décès tous trois revendiquèrent leur droit de chef de famille. Ils allèrent en justice afin de trouver une solution et le juge leur dit :

« Arrêtez ces combats égoïstes ! Chacun de vous pense qu'il a droit à tout au détriment des autres. Peut-être

votre père était-il fatigué de cette coutume ? Peut-être
voulait-il que vous appreniez à partager au lieu de
dire : "C'est moi et moi seul qui possède la vérité" ? »

Peut-être Dieu a-t-il autant aimé les musulmans,
les juifs et les chrétiens, et peut-être leur a-t-il transmis un anneau à chacun. Peut-être ces trois religions
devraient-elles apprendre à partager. Toutes les trois
sont authentiques. Toutes les trois sont la vérité. Et
toutes les trois sont la tradition ! Le jour où elles
arriveront à partager, les juifs, les chrétiens et les
musulmans vivront ensemble dans une merveilleuse
entente. Les guerres de religion cesseront. J'y crois
totalement. Je suis certain que cela va finir par arriver. Il ne peut en être autrement ; sinon, cela vou-
drait dire que nous ne sommes pas des êtres
humains.

Je fonde un espoir total et absolu dans l'espèce
humaine. Je crois fermement qu'elle réussira à transformer cette planète en paradis. J'ai confiance et,
surtout, je le sais. Pour moi, cela ne fait aucun
doute. L'espèce humaine se réalisera.

Aux États-Unis, au cours d'une interview, j'ai dit
à des journalistes sceptiques devant mes propos posi-
tifs : « Les États-Unis forment un grand pays dont
la jeunesse sait que sans art le pays mourra. D'ailleurs, vous les Américains, lorsque vous découvrirez
toute la symbolique qui est inscrite sur vos billets de
banque, vous deviendrez une nation versée dans la
spiritualité. Je n'ai aucun doute sur le fait que vous
deviendrez le pays le plus spirituel du monde, et que

ce sont les jeunes qui découvriront cette dimension. Ils sont déjà en recherche. Cela va arriver. »

Comme la vase engendre le lotus, je suis sûr que le monde matérialiste va s'ouvrir pour laisser la spiritualité s'épanouir. Nous allons vivre dans un jardin. Les guerres vont cesser. La planète ne sera pas détruite. Notre descendance ira de mieux en mieux. Les maladies disparaîtront. L'homme deviendra un être réalisé. J'ai confiance.

Table

DU MÊME AUTEUR

BIBLIOGRAPHIE SOMMAIRE

Notre vie est un conte, Le Relié, 2014.

À l'ombre du Yi Jing : poésophie, Le Relié, 2014.

365 tweets de sagesse, Albin Michel, 2013.

Métagénéalogie. La famille, un trésor et un piège, Albin Michel, 2011.

Contes de l'intramonde, Albin Michel, 2011.

Les Araignées sans mémoire et autres fables paniques, Albin Michel, 2010.

Manuel de psychomagie, Albin Michel, 2009.

Solo de amor. D'amour seul, Maëlstrom, 2007.

La Sagesse des contes, Albin Michel, 2007.

Contes paniques, Le Relié, 2006.

Mu, le Maître zen et les Magiciennes, Albin Michel, 2005, réed. « Espaces libres », 2008.

L'Échelle des anges : un art de penser, Albin Michel, 2004.

La Voie du Tarot, avec Marianne Costa, Albin Michel, 2004.

Dire ne suffit pas, trad. de l'espagnol par Martin Bakero, David Giannoni et Emmanuel Lequeux, Le Veilleur, 2003.

Un Évangile pour guérir, trad. de l'espagnol par Alex et Nelly Lhermillier, éd. du Relié, 2003.

La Danse de la réalité, Albin Michel, 2002.

Le Théâtre de la guérison, Albin Michel, 2001.

Opéra panique : cabaret tragique, trad. de l'espagnol par Marianne Costa, Métailié, 2001.

L'Enfant du jeudi noir, trad. de l'espagnol par Caroline Lepage, Métailié, 2000.

L'Arbre du dieu pendu, trad. de l'espagnol par Mara Hernandez et René Solis, Métailié, 1998. réed. Points Seuil, 2010.

Le Doigt et la lune, Albin Michel, 1997.

La Sagesse des blagues, éd. Vivez Soleil, 1994.

La Tricherie sacrée, éd. Dervy, 1984.

Le Paradis des perroquets, Flammarion, 1984.

Composition Nord Compo
Impression CPI Bussière en février 2018
Éditions Albin Michel
22, rue Huyghens, 75014 Paris
www.albin-michel.fr

ISBN : 978-2-226-17825-1
ISSN : 1147-3762
N° d'édition : 17323/06 – N° d'impression : 2035524
Dépôt légal : avril 2007
Imprimé en France